First French Reader for Beginners

Eugene Gotye

First French Reader
for Beginners

bilingual for speakers of English

Audio tracks online incl.

LANGUAGE
PRACTICE
PUBLISHING

First French Reader for Beginners
by Eugene Gotye

Graphics: Audiolego Design
Images: Canstockphoto

Copyright © 2012 2015 2016 Language Practice Publishing
Copyright © 2015 2016 Audiolego

This book is in copyright. Subject to statutory exception and to the provisions of relevant collective licensing agreements, no reproduction of any part may take place without the written permission of Language Practice Publishing.

Audio tracks: www.lppbooks.com/French/FirstFrenchReader_audio/En/
www.lppbooks.com
www.audiolego.de
www.audiolego.com

Table of contents

French alphabet 6
Elementary level 9
Chapter 1 Robert has a dog 11
Chapter 2 They live in Bordeaux 14
Chapter 3 Are they French? 16
Chapter 4 Can you help, please? 19
Chapter 5 Robert lives in France now 22
Chapter 6 Robert has many friends 25
Chapter 7 Bernard buys a bike 28
Chapter 8 Louise wants to buy a new DVD 31
Chapter 9 André listens to German songs 33
Chapter 10 André buys textbooks on design 36
Chapter 11 Robert wants to earn some money (part 1) 39
Chapter 12 Robert wants to earn some money (part 2) 42
Pre-intermediate level 45
Chapitre 13 Le nom de l'hôtel 47
Chapitre 14 Aspirine 50
Chapitre 15 Anne et le kangourou 53
Chapitre 16 Les parachutistes 56
Chapitre 17 Éteins le gaz! 61
Chapitre 18 Une agence d'emploi 65
Chapitre 19 Bernard et Robert nettoient le camion (partie 1) 69
Chapitre 20 Bernard et Robert nettoient le camion (partie 2) 73
Chapitre 21 Une leçon 77
Chapitre 22 André travaille dans une maison d'édition 80
Chapitre 23 Le règlement des chats 84
Chapitre 24 Un travail d'équipe 87
Chapitre 25 Robert et Bernard cherchent un emploi 91
Chapitre 26 Postuler au journal « Les nouvelles de Bordeaux » 96
Chapitre 27 La patrouille de police (partie 1) 100
Chapitre 28 La patrouille de police (partie 2) 106
Chapitre 29 FLEX et Au pair 111
French-English dictionary 115
English-French dictionary 131

Alphabet français
French alphabet

Capital .. Small .. Name .. IPA .. English example
A . . . a . . . ah . . . /a/ . . . **a**pple
B . . . b . . . bay . . . /be/ . . . **b**ad
C . . . c . . . say . . . /se/ . . . **c**ar
D . . . d . . . day . . . /de/ . . . **d**ay
E . . . e . . . eugh . . . /ə/ . . . **u**s
F . . . f . . . eff . . . /ɛf/ . . . **f**un
G . . . g . . . jay . . . /ʒe/ . . . **g**irl
H . . . h . . . ash . . . /aʃ/ . . . lig**h**t (silent h)
I . . . i . . . ee . . . /i/ . . . m**e**
J . . . j . . . jee . . . /ʒi/ . . . bad**ge**
K . . . k . . . kaa . . . /ka/ . . . **c**old
L . . . l . . . ell . . . /ɛl/ . . . **l**ips
M . . . m . . . emm . . . /ɛm/ . . . **m**ust
N . . . n . . . enn . . . /ɛn/ . . . **n**eat
O . . . o . . . oh . . . /o/ . . . **o**pera
P . . . p . . . pay . . . /pe/ . . . **p**ay
Q . . . q . . . cue . . . /ky/ . . . **c**old
R . . . r . . . air . . . /ɛʁ/ . . . je**rr**k
S . . . s . . . ess . . . /ɛs/ . . . **s**mall
T . . . t . . . tay . . . /te/ . . . **t**ea
U . . . u . . . ooh . . . /y/ . . . f**u**el
V . . . v . . . vay . . . /ve/ . . . **v**oice
W . . . w . . . Double vay . . . /dubləve/ . . . **w**all
X . . . x . . . eeks . . . /iks/ . . . a**x**e
Y . . . y . . . ee- grec . . . /igʁɛk/ . . . **y**ard
Z . . . z . . . zayd . . . /zɛd/ . . . **z**oo

Vowels

Vowels in French can have accent marks; except for "e", this doesn't usually change the sound:
a, à, â like "a" in "father"
e like "a" in "about"
é like "ay" in "say"
ê like "e" in "set"
è like "e" in "set"
i, î like "ee" in "feed"
o, o, ô, au, eau like "oa" in "boat" or "aw" in "law"
ou like "oo" in "food", but a pure vowel
u, ù more or less like "oo" in "food", but the tongue is like "ee" in "feed"; written *uu* in transcriptions
y like "ee" in "feed"

Consonants

Final consonants of a word are usually dropped: *allez* (go) is pronounced *ahl-AY*, not *ahl-AYZ*; *tard* (late) is pronounced *tar*, not *tard*. Also a final "e" is usually silent. But if the next word begins with a vowel, the consonant may be pronounced. This is called *liaison*.

Stress is usually on the last syllable of a phrase, but sometimes when a word is emphasized, the stress moves to the middle of the word.

b like "b" in "bed"
c like "k" in "kill" (before "a", "o", and "u"), like "s" in "sun" (before "e" and "i")
ç like "s" in "sun"
d like "d" in "death"
f like "f" in "fun"
g like "g" in "go" (before "a", "o", and "u"), like "g" in "sabotage" (before "e" and "i" and at the end of words)
h usually silent
j like "g" in "sabotage"
k like "k" in "kill"
l like "l" in "like"
m like "m" in "me"
n like "n" in "nurse" (also see 'Diphthongs' below)
p like "p" in "push"
q(u) like "k" in "kill" (not like "qu" in "quick")
r guttural; kind of like coughing up a hairball
s like "s" in "sun"; like "z" in "zero" (between two vowels)
t like "t" in "take"
v like "v" in "value"
x like "x" in "exit"
z like "z" in "zero"

Diphthongs (gliding vowels)

a like "i" in "fight", like "ay" in "hay" (at the end of a word)
ail like "i" in "fight"
ais like "ea" in "bread" (at the end of a word)
au, eau like "ow" in "blow"
an nasal; kind of like "ahng", but without the hard "g" at the end
eu between "ew" in "dew" and "ur" in "burp"; written *eu* in transcriptions
œ more or less like "eu", slightly more "open"
er like "ay" in "hay", usually found at the end of word
ez like "ay" in "hay"
en, em nasal; same as "an"
in nasal; like "ang" in "Tang", but without the hard "g" at the end
oi like "wa" in "walk"
oin nasal; like "wang", but without the hard "g" at the end
ou like "oo" in "food"
on nasal; like "ong" in "long", but without the hard "g" at the end
oui like "wee" in "week"
ui like "wee" in "week", but with the tongue forward
un nasal; like "ung" in "hung", but without the hard "g" at the end
ch like "sh" in "bush"
gn like "ny" in "canyon". This is particularly difficult when followed by **oi**, as in **baignoire** (*beh-NYWAR*) "bathtub"
il like "y" in "three years", with some exceptions (*ville* is *veel*)
ll like "l"
ph like "f" in "fun"

tch like "ch" in "chew" (but kind of rare)
th like "t" in "tin"
tr "t" followed by a short gargle

Diacritics

In French, the main diacritic marks are the acute (´), grave (`), and circumflex (ˆ) accents.
The diaeresis are the "tréma" (¨) and c cedilla (ç)
Acute accent (é) is placed over e. It indicates the sound similar to short ai in English, with no diphthong.
Grave accent (à, è, ù) is placed over a, e or u. Over an e, it indicates the sound /ɛ/. Over a or u the pronunciation remains the same.
Circumflex (â, ê, î, ô, û) is placed over a, e or o. It indicates the sound /ɑ/, /ɛ/ or /o/ accordingly. Over u and I, the pronunciation remains the same.
Diaeresis or tréma (ë, ï, ü) is placed over e, i or u. It indicates that both vowels have to be pronounced separately.
Cedilla (ç) is placed over c. When c is placed before the vowels a, o or u it is pronounced /k/ instead of /s/. Thus, the c cedilla transforms the sound /k/ into /s/ before the vowels a, o, u.

Ligatures

Œ is a contraction of oe used in a few words. It is pronounced /œ/ or /ø/. Example : Cœur, œuf, œuvre.
Æ is a rare ligature. It is used in Curriculum Vitae or the surname Laetitia. Often pronounced é.

Stress

Word stress is not distinctive in French. This means that two words cannot be distinguished on the basis of stress placement alone. In fact, grammatical stress can only fall on the final full syllable of a French word, that is, the final syllable with a vowel other than schwa. Monosyllables with schwa as their only vowel (*ce*, *de*, *que*, etc.) are generally unstressed clitics, although they may receive stress in exceptional cases requiring separate treatment.

The difference between stressed and unstressed syllables in French is less marked than in English. Vowels in unstressed syllables keep their full quality, giving rise to a syllable-timed rhythm. Moreover, words lose their stress to varying degrees when pronounced in phrases and sentences. In general, only the last word in a phonological phrase retains its full grammatical stress, that is, on its last syllable, unless this is a schwa.

1

Robert a un chien
Robert has a dog

A

Mots
Words

1. a - has; Il a un livre. - He has a book.
2. aussi, également - too
3. avoir - to have
4. beaucoup - many, much
5. bleu (M), bleue (F) - blue
6. cahier, un; calepin, un - notebook; cahiers, des - notebooks
7. ce (M), cette (F), ça (N) - that
8. ce, cet (+noun); ce livre - this book / ceci (+verb), (for a non-human) - this; C'est un chien. / Ceci est un chien. - This is a dog; voici (for human) - this; Voici Louise. - This is Louise.
9. ces - those
10. ces - these
11. chambre, une (hotel or bed); pièce, une (room in a house); espace, un (space)- room; des chambres, pièces - rooms
12. chat, un - cat
13. chien, un - dog
14. et - and
15. étoile, une - star
16. étudiant, un; étudiant, étudiante (adj) - student; des étudiants (M), étudiantes (F) - students
17. fenêtre, une - window; fenêtres - windows
18. grand (M), grande (F); gros (M), grosse (F) - big
19. hôtel, un - hotel; hôtels - hotels
20. il - he; ils (M), elles (F) - they
21. J'ai - I have, nous avons - we have, tu as / vous avez - you have, il a - he has, ça a, cela a - it has, elle a - she has, ils ont - they have
22. Je - I
23. joli, beau (M); jolie, belle (F) - nice
24. lit, un - bed; lits - beds

25. livre, un - book
26. magasin, un - shop; magasins - shops
27. mon (M), ma (F), mes (PL) - my
28. moto, une - bike
29. mot, un - word; mots - words
30. museau, un (dog); nez, un (human) - nose
31. noir - black
32. nouveau, récent (M), nouvelle, récente (F); nouveaux, nouvelles, récents, récentes (PL) - new
33. œil, un - eye; yeux, des - eyes
34. parc, un - park; parcs - parks
35. pas - not
36. petit (M), petite (F) - little
37. quatre - four
38. rêve, un - dream
39. rue, une - street; des rues - streets
40. son (+m), sa (+f) - his; son lit - his bed
41. stylo, un - pen; des stylos - pens
42. table, une - table; des tables - tables
43. texte, un - text
44. un (M), une (F) - one
45. vert (M), verte (F) - green

 B

Robert a un chien

1.Cet étudiant a un livre. 2.Il a aussi un stylo.

3.Il y a beaucoup de rues et de parcs à Bordeaux. 4.Il y a beaucoup de nouveaux hôtels et de magasins dans cette rue. 5.Cet hôtel a quatre étoiles. 6.Il y a beaucoup de belles grandes chambres dans cet hôtel.

7.Il y a beaucoup de fenêtres dans cette chambre. 8.Et il n'y a pas beaucoup de fenêtres dans ces chambres. 9.Ces chambres ont quatre lits. 10.Et ces chambres ont un lit. 11.Il n'y a pas beaucoup de tables dans cette chambre. 12.Et il y a beaucoup de grandes tables dans ces chambres.

13.Il n'y a pas beaucoup d'hôtels dans cette rue. 14.Il y a beaucoup de fenêtres dans ce grand magasin.

15.Ces étudiants ont des cahiers. 16.Ils ont aussi des stylos. 17.Robert a un petit cahier noir. 18.André a quatre nouveaux cahiers verts.

19.Cet étudiant a une moto. 20.Il a une nouvelle moto bleue. 21.Bernard a aussi une moto. 22.Il a une jolie moto noire. 23.André a un rêve. 24.J'ai aussi un rêve.

25.Je n'ai pas de chien. 26.J'ai un chat. 27.Mon chat

Robert has a dog

1.This student has a book. 2.He has a pen too.

3.Bordeaux has many streets and parks. 4.This street has new hotels and shops. 5.This hotel has four stars. 6.This hotel has many nice big rooms.

7.That room has many windows. 8.And these rooms do not have many windows. 9.These rooms have four beds. 10.And those rooms have one bed. 11.That room does not have many tables. 12.And those rooms have many big tables.

13.This street does not have hotels. 14.That big shop has many windows.

15.These students have notebooks. 16.They have pens too. 17.Robert has one little black notebook. 18.André has four new green notebooks.

19.This student has a bike. 20.He has a new blue bike. 21.Bernard has a bike too. 22.He has a nice black bike. 23.André has a dream. 24.I have a dream too.

25.I do not have a dog. 26.I have a cat. 27.My cat has nice green eyes. 28.Robert does not

a des jolis yeux verts. 28.Robert n'a pas de chat. 29.Il a un chien. 30.Son chien a un petit museau noir.

have a cat. 29.He has a dog. 30.His dog has a little black nose.

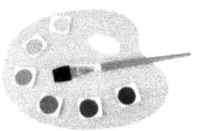

2

Ils vivent à Bordeaux
They live in Bordeaux

A

Mots
Words

1. acheter - to buy
2. dans, à, en - in
3. dans/à/en, sur, à/chez - in, on, at
4. de, des, d', de la part - from
5. deux - two
6. elle - she
7. est, se trouve - is, situated
8. faim - hungry
9. frère, un - brother
10. grand (m), grand<u>e</u> (f) - big
11. les États-Unis - the USA
12. maintenant, en ce moment - now
13. mère, une - mother
14. nous - we
15. Russe (noun); russe (adj) - Russian
16. Russie, la - Russia
17. sandwich, un - sandwich
18. sœur, une - sister
19. supermarché, un - supermarket
20. tu, vous, toi - you
21. ville, une - city
22. vivre - to live

B

Ils vivent à Bordeaux

They live in Bordeaux

1.Bordeaux est une grande ville. 2.Bordeaux est en France.

1.Bordeaux is a big city. 2.Bordeaux is in France.

3.Voici Robert. 4.Robert est étudiant. 5.Maintenant, il

3.This is Robert. 4.Robert is a student. 5.He is in Bordeaux now. 6.Robert is from

est à Bordeaux. 6.Robert vient d'Allemagne. 7.Il est allemand. 8.Robert a une mère, un père, un frère et une sœur. 9.Ils habitent en Allemagne.

10.Voici André. 11.André est aussi étudiant. 12.Il vient de Russie. 13.Il est Russe. 14.André a une mère, un père et deux sœurs. 15.Ils vivent en Russie.

16.Maintenant, Robert et André sont dans un supermarché. 17.Ils ont faim. 18.Ils achètent des sandwichs.

19.Voici Louise. 20.Louise est française. 21.Louise habite aussi à Bordeaux. 22.Elle n'est pas étudiante.

23.Je suis étudiant. 24.Je viens des États-Unis. 25.Maintenant, je suis à Bordeaux. 26.Je n'ai pas faim.

27.Tu es étudiant. 28.Tu es américain. 29.En ce moment, tu n'es pas aux États-Unis. 30.Tu es en France.

31.Nous sommes étudiants. 32.En ce moment, nous sommes en France.

33.Ceci est une moto. 34.Cette moto est bleue. 35.Ce vélo n'est pas neuf.

36.Ceci est un chien. 37.Le chien est noir. 38.Le chien n'est pas grand.
39.Ce sont des magasins. 40.Les magasins ne sont pas grands. 41.Ils sont petits. 42.Ce magasin a beaucoup de fenêtres. 43.Ces magasins n'ont pas beaucoup de fenêtres.

44.Ce chat est dans la chambre. 45.Ces chats ne sont pas dans la chambre.

Germany. 7.He is German. 8.Robert has a mother, a father, a brother and a sister. 9.They live in Germany.

10.This is André. 11.André is a student too. 12.He is from Russia. 13.He is Russian. 14.André has a mother, a father and two sisters. 15.They live in Russia.

16.Robert and André are in a supermarket now. 17.They are hungry. 18.They buy sandwiches.

19.This is Louise. 20.Louise is French. 21.Louise lives in Bordeaux too. 22.She is not a student.

23.I am a student. 24.I am from the USA. 25.I am in Bordeaux now. 26.I am not hungry.

27.You are a student. 28.You are American. 29.You are not in the USA now. 30.You are in France.

31.We are students. 32.We are in France now.

33.This is a bike. 34.The bike is blue. 35.The bike is not new.

36.This is a dog. 37.The dog is black. 38.The dog is not big.

39.These are shops. 40.The shops are not big. 41.They are little. 42.That shop has many windows. 43.Those shops do not have many windows.

44.That cat is in the room. 45.Those cats are not in the room.

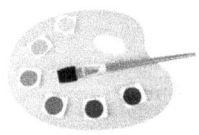

3

Sont-ils français?
Are they French?

A

Mots
Words

1. à, chez - at
2. animal, un; animaux, des (PL) - animal
3. café, un - café
4. carte, une; plan, un - map
5. combien - how many/much
6. comment - how
7. femme, une - woman
8. garçon, un; gars, un; type, un - boy, guy
9. homme, un - man
10. il (M), elle (F), ce/cela/ça (N) - it
11. jeune garçon, un - young boy
12. lecteur CD - CD player
13. maison, une - house
14. non, aucun, pas de - no
15. notre (+sing), nos (+pl) - our
16. où - where
17. oui - yes
18. son (+ m), sa (+ f), ses (+pl) - her; son livre - her book
19. sur - on
20. tout, toute, tous, toutes - all
21. tu, vous, toi - you
22. vieux (M), vieille (F) - old

B

Sont-ils français?
1

- Je suis un garçon. Je suis dans la chambre.
- Es-tu américain?
- Non, je ne le suis pas. Je suis français.
- Es-tu étudiant?

Are they French?
1
- I am a boy. I am in the room.
- Are you American?
- No, I am not. I am French.
- Are you a student?
- Yes, I am. I am a student.

- Oui, je le suis. Je suis étudiant.

2
- Ceci est une femme. La femme est aussi dans la chambre.
- Est-elle américaine?
- Non, elle ne l'est pas. Elle est française.
- Est-elle étudiante?
- Non, elle ne l'est pas. Elle n'est pas étudiante.

3
- Ceci est un homme. Il est à la table.
- Est-il français?
- Oui, il l'est. Il est français.

4
- Ce sont des étudiants. Ils sont dans le parc.
- Sont-ils tous français?
- Non, ils ne le sont pas. Ils sont français, russes et américains.

5
- Ceci est une table. Elle est grande.
- Est-elle neuve?
- Oui, elle l'est. Elle est neuve.

6
- Ceci est un chat. Il est dans la chambre.
- Est-il noir?
- Oui, il l'est. Il est noir et joli.

7
- Ce sont des motos. Elles sont à la maison.
- Sont-elles noires?
- Oui, elle le sont. Elles sont noires.

8
- As-tu un cahier?
- Oui, j'en ai un.
- Combien de cahiers as-tu?
- J'ai deux cahiers.

9
- A-t-il un stylo?
- Oui, il en a un.
- Combien de stylos a-t-il?
- Il a un stylo.

10
- A-t-elle une moto?
- Oui, elle en a une.
- Sa moto est-elle bleue?
- Non, elle ne l'est pas. Sa moto n'est pas bleue. Elle est verte.

2
- This is a woman. The woman is in the room too.
- Is she American?
- No, she is not. She is French.
- Is she a student?
- No, she is not. She is not a student.

3
- This is a man. He is at the table.
- Is he French?
- Yes, he is. He is French.

4
- These are students. They are in the park.
- Are they all French?
- No, they are not. They are French, Russians and Americans.

5
- This is a table. It is big.
- Is it new?
- Yes, it is. It is new.

6
- This is a cat. It is in the room.
- Is it black?
- Yes, it is. It is black and nice.

7
- These are bikes. They are at the house.
- Are they black?
- Yes, they are. They are black.

8
- Do you have a notebook?
- Yes, I do.
- How many notebooks do you have?
- I have two notebooks.

9
- Does he have a pen?
- Yes, he does.
- How many pens does he have?
- He has one pen.

10
- Does she have a bike?
- Yes, she does.
- Is her bike blue?
- No, it is not. Her bike is not blue. It is green.

11
- As-tu un livre anglais?
- Non, je n'en ai pas. Je n'ai pas de livre anglais. Je n'ai pas de livre.

12
- A-t-elle un chat?
- Non, elle n'en a pas. Elle n'a pas de chat. Elle n'a pas d'animal.

13
- Avez-vous un lecteur CD?
- Non, nous n'en avons pas. Nous n'avons pas de lecteur CD. Nous n'avons pas de lecteur.

14
- Où est votre carte?
- Notre carte est dans la chambre.
- Est-elle sur la table?
- Oui, elle l'est.

15
- Où sont les garçons?
- Ils sont au café.
- Où sont les motos?
- Elles sont au café.
- Où est André?
- Il est aussi au café.

11
- Do you have an English book?
- No, I do not. I do not have an English book. I have no book.

12
- Does she have a cat?
- No, she does not. She does not have a cat. She has no animal.

13
- Do you have a CD player?
- No, we do not. We do not have a CD player. We have no player.

14
- Where is our map?
- Our map is in the room.
- Is it on the table?
- Yes, it is.

15
- Where are the boys?
- They are in the café.
- Where are the bikes?
- They are at the café.
- Where is André?
- He is in the café too.

4

Pourriez-vous m'aider, s'il vous plaît?
Can you help, please?

A

Mot<u>s</u>
Words

1. à, au, vers - to; Je vais à la banque. - I go to the bank.
2. adresse, une - address
3. aide, une - help; aider - to help
4. aller - to go; partir, s'en aller - to go (away)
5. apprendre - learn
6. apprendre à faire quelque chose - learn to do smth. well
7. avoir besoin, devoir - need
8. banque, une - bank
9. dev<u>oir</u> - must; Je dois partir. - I must go. (ne pas); devoir: je, tu ne dois pas / il ne doit; pas / Nous ne devons pas / Vous ne devez pas/ Ils ne doivent pas - must not
10. donn<u>er</u> - to give
11. écrire - to write
12. jou<u>er</u> - to play
13. lire - to read
14. mais - but
15. moi, à moi - to me
16. ou - or
17. parl<u>er</u> - to speak
18. peut peut-être, pourrait - may, can; Puis-je vous aider? - May I help you?
19. peut-être - may; Je vais (peut-être) aller à la banque. - I may go to the bank.
20. plac<u>er</u>, mett<u>re</u> - to place, to put; une place, un lieu, un endroit - place
21. pour, pendant - for
22. pren<u>dre</u> - to take
23. remerci<u>er</u> - to thank; je vous remerci<u>e</u> - Thank you. Merci - Thanks.
24. s'asseoir - to sit down; asseoir - to sit
25. savoir, être capable de, pouvoir - can; Je sais lire. - I can read.

26. s'il vous plaît (formal), s'il te plaît (informal)- please
27. son, sa, ses - his, her
28. travail - work; travailler - to work

Pourriez-vous m'aider, s'il vous plaît?

Can you help, please?

1
- Pourriez-vous m'aider s'il vous plaît?
- Oui, je peux.
- Je ne sais pas écrire l'adresse en français. Pourriez-vous me l'écrire?
- Oui, je peux.
- Je vous remercie.

1
- Can you help me, please?
- Yes, I can.
- I cannot write the address in French. Can you write it for me?
- Yes, I can.
- Thank you.

2
- Savez-vous jouer au tennis?
- Non, je ne sais pas y jouer. Mais je peux apprendre. Pourriez-vous m'apprendre?
- Oui, je le peux. Je peux vous apprendre à jouer au tennis.
- Je vous remercie.

2
- Can you play tennis?
- No, I cannot. But I can learn. Can you help me to learn?
- Yes, I can. I can help you to learn to play tennis.
- Thank you.

3
- Savez-vous parler français?
- Je sais parler et lire le français mais je ne sais pas l'écrire.
- Savez-vous parler l'allemand?
- Je sais parler, lire et écrire l'allemand.

3
- Can you speak French?
- I can speak and read French but I cannot write.
- Can you speak German?
- I can speak, read and write German.

4
- Louise sait-elle parler anglais?
- Non. Elle est française.

4
- Can Louise speak English?
- No, she cannot. She is French.

5
- Savent-ils parler français?
- Oui, ils savent un peu le parler. Ils sont étudiants et ils apprennent le français.
- Ce garçon ne sait pas parler français.

5
- Can they speak French?
- Yes, they can a little. They are students and they learn French.
- This boy cannot speak French.

6
- Où sont-ils?
- Ils jouent au tennis maintenant.
- Peut-on y jouer aussi?
- Oui, nous pouvons y jouer.

6
- Where are they?
- They play tennis now.
- May we play too?
- Yes, we may.

7
- Où est Robert?
- Il est peut-être au café.

7
- Where is Robert?
- He may be at the café.

8
- Assieds-toi à cette table, s'il te plaît.
- Je vous remercie. Puis-je mettre mes livres sur cette table?

8
- Sit at this table, please.
- Thank you. May I place my books on that table?

- Oui, vous pouvez.

9
- André peut-il s'asseoir à sa table?
- Oui, il le peut.

10
- Puis-je m'asseoir sur son lit?
- Non, vous ne devez pas.
- Louise peut-elle prendre son lecteur CD?
- Non. Elle ne doit pas prendre son lecteur CD.
- Peuvent-ils prendre leur carte?
- Non, ils ne le peuvent pas.

11
- Tu ne dois pas t'asseoir sur son lit.
- Elle ne doit pas prendre son lecteur CD.
- Ils ne doivent pas prendre ces cahiers.

12
- Je dois aller à la banque.
- Dois-tu partir maintenant?
- Oui.

13
- Dois-tu apprendre l'anglais?
- Je n'ai pas besoin d'apprendre l'anglais. Je dois apprendre le français.

14
- Doit-elle aller à la banque?
- Non. Elle ne doit pas aller à la banque.

15
- Puis-je prendre cette moto?
- Non, vous ne devez pas prendre cette moto.
- Pouvons-nous mettre ces cahiers sur son lit?
- Non. Vous ne devez pas mettre ces cahiers sur son lit.

- Yes, you may.

9
- May André sit at her table?
- Yes, he may.

10
- May I sit on her bed?
- No, you must not.
- May Louise take his CD player?
- No. She must not take his CD player.
- May they take her map?
- No, they may not.

11
- You must not sit on her bed.
- She must not take his CD player.
- They must not take these notebooks.

12
- I must go to the bank.
- Must you go now?
- Yes, I must.

13
- Must you learn English?
- I need not learn English. I must learn French.

14
- Must she go to the bank?
- No. She need not go to the bank.

15
- May I take this bike?
- No, you must not take this bike.
- May we place these notebooks on her bed?
- No. You must not place the notebooks on her bed.

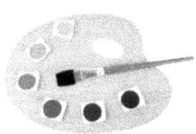

5

Robert habite en France maintenant
Robert lives in France now

A

Mot<u>s</u>
Words

1. all<u>er</u> - go
2. appréc<u>ier</u>/bien aim<u>er</u>, aim<u>er</u> - to like, to love
3. avoir besoin, devoir - need
4. bien, bon - well
5. bo<u>ire</u> - to drink
6. bon (M), bon<u>ne</u> (F) / bien - good
7. certains du, de la, des, de l' - some
8. chaise, une - chair
9. cinq - five
10. du, de la, de l', des; aucun; n'importe quel; tout - any
11. écout<u>er</u> - to listen; J'écoute de la musique. - I listen to music.
12. ferme, une - farm
13. fille, une - girl
14. gen<u>s</u>, les - people
15. huit - eight
16. ici, là, y - there (place)
17. journal, un - newspaper
18. mang<u>er</u> - to eat
19. meuble<u>s</u>, les - furniture
20. musique, la - music
21. par-là, là-bas - there (direction)
22. petit-déjeuner, un - breakfast; prendre le petit déjeuner - have breakfast
23. sept - seven
24. si- if, whether *(is used to show that the phrase is a question)*
25. six - six
26. square, un - square
27. thé, un / du - tea
28. trois - three
29. voul<u>oir</u> - to want

B

Robert habite en France maintenant

1
Louise lit bien le français. Je lis le français aussi. Les étudiants vont au parc. Elle va aussi au parc.

2
Nous habitons à Bordeaux. En ce moment, André habite aussi à Bordeaux. Son père et sa mère habitent en Russie. En ce moment, Robert habite en France. Son père et sa mère habitent en Allemagne.

3
Les étudiants jouent au tennis. André joue bien. Robert ne joue pas bien.

4
Nous buvons du thé. Louise boit du thé vert. André boit du thé noir. Je bois aussi du thé noir.

5
J'écoute de la musique. Julie écoute aussi de la musique. Elle aime écouter de la bonne musique.

6
J'ai besoin de six cahiers. André a besoin de sept cahiers. Louise a besoin de huit cahiers.

7
Julie veut boire. Je veux boire aussi. André veut manger.

8
Il y a un journal sur la table. André le prend et lit. Il aime lire les journaux.

9
Il y a des meubles dans la pièce. Il y a six tables et six chaises ici.

10
Il y a trois filles dans la pièce. Elles prennent le petit-déjeuner.

11
Julie mange du pain et boit du thé. Elle aime le thé vert.

12
Il y a des livres sur la table. Ils ne sont pas neufs. Ils sont vieux.

13
- Y a-t-il une banque dans cette rue?
- Oui, il y en a. Il y a cinq banques dans cette rue. Les banques ne sont pas grandes.

Robert lives in France now

1
Louise reads French well. I read French too. The students go to the park. She goes to the park too.

2
We live in Bordeaux. André lives in Bordeaux now too. His father and mother live in Russia. Robert lives in France now. His father and mother live in Germany.

3
The students play tennis. André plays well. Robert does not play well.

4
We drink tea. Louise drinks green tea. André drinks black tea. I drink black tea too.

5
I listen to music. Julie listens to music too. She likes to listen to good music.

6
I need six notebooks. André needs seven notebooks. Louise needs eight notebooks.

7
Julie wants to drink. I want to drink too. André wants to eat.

8
There is a newspaper on the table. André takes it and reads. He likes to read newspapers.

9
There is some furniture in the room. There are six tables and six chairs there.

10
There are three girls in the room. They are eating breakfast.

11
Julie is eating bread and drinking tea. She likes green tea.

12
There are some books on the table. They are not new. They are old.

13
- Is there a bank in this street?
- Yes, there is. There are five banks in this street. The banks are not big.

14
- Y a-t-il des gens au square?
- Oui, il y en a. Il y a des gens au square.

15
- Y a-t-il des motos au café?
- Oui, il y en a. Il y a quatre motos au café. Elles ne sont pas neuves.

16
- Y a-t-il un hôtel dans cette rue?
- Non, il n'y en a pas. Il n'y a pas d'hôtels dans cette rue.

17
- Y a-t-il des grands magasins dans cette rue?
- Non, il n'y en a pas. Il n'y a pas de grands magasins dans cette rue.

18
- Y a-t-il des fermes en France?
- Oui, il y en a. Il y a beaucoup de fermes en France.

19
- Y a-t-il des meubles dans cette chambre?
- Oui, il y en a. Ici, il y a quatre tables et des chaises.

14
- *Are there people in the square?*
- *Yes, there are. There are some people in the square.*

15
- *Are there bikes at the café?*
- *Yes, there are. There are four bikes at the café. They are not new.*

16
- *Is there a hotel in this street?*
- *No, there is not. There are no hotels in this street.*

17
- *Are there any big shops in that street?*
- *No, there are not. There are no big shops in that street.*

18
- *Are there any farms in France?*
- *Yes, there are. There are many farms in France.*

19
- *Is there any furniture in that room?*
- *Yes, there is. There are four tables and some chairs there.*

6

Robert a beaucoup d'amis
Robert has many friends

A

Mots
Words

1. à André / d' André- André's; le livre d'André - André's book
2. à la mère / de la mère - mother's
3. agence - agency
4. ami, un; amie, une - friend
5. aussi, également - as well
6. aux femmes / des femmes - women's
7. beaucoup de, beaucoup - much, many
8. café, un/du - coffee
9. CD, un - CD
10. conduire, être conduit, aller en... - drive, go by transp.
11. cuisinière, une - cooker
12. dans, à l'intérieur de - into
13. dire - to say
14. la carte de l'homme - man's map
15. libre, gratuit - free
16. ordinateur, un - computer
17. papa, un - dad; à / de papa - dad's
18. porte, une - door
19. propre - clean; laver - to clean
20. savoir, connaître - to know
21. sous - under
22. travail, un; emploi, un- job; agence d'emploi, une - job agency
23. très - very
24. un peu, peu - little, few
25. venir, aller, entrer - come, go
26. une voiture - car

B

Robert a beaucoup d'amis

1

Robert a beaucoup d'amis. Les amis de Robert vont au café. Ils aiment boire du café. Les amis de Robert boivent beaucoup de café.

2

Le père d'André a une voiture. La voiture du père est propre mais vieille. Le père d'André conduit beaucoup. Il a un bon emploi et en ce moment, il a beaucoup de travail à faire.

3

André a beaucoup de CD. Les CD d'André sont sur son lit. Le lecteur CD d'André est aussi sur son lit.

4

Robert lit les journaux français. Il y a beaucoup de journaux sur la table dans la chambre de Robert.

5

Anne a un chien et un chat. Le chat d' Anne est dans la chambre sous le lit. Le chien d' Anne est aussi dans la chambre.

6

Il y a un homme dans cette voiture. Cet homme a une carte. La carte de l'homme est grande. Cet homme conduit beaucoup.

7

Je suis étudiant. J'ai beaucoup de temps libre. Je vais à une agence d'emploi. J'ai besoin d'un bon travail.

8

Louise a une nouvelle cuisinière. Sa cuisinière est bien et propre. Elle fait le petit-déjeuner à ses enfants. Anne et André sont les enfants de Louise. Les enfants de Louise boivent beaucoup de thé. La mère boit beaucoup de thé. La mère d'Anne connaît très peu de mots anglais. Elle parle très peu anglais. Louise a un emploi. Elle a peu de temps libre.

9

Nicolas travaille à une agence d'emploi. Cette agence d'emploi est à Bordeaux. Nicolas a une voiture. La voiture de Nicolas est dans la rue. Nicolas a beaucoup de travail. Il doit aller à l'agence. Il conduit là-bas. Nicolas entre dans l'agence. Ici, il y a beaucoup d'étudiants. Ils ont besoin de travail. Le travail de Nicolas consiste à

Robert has many friends

1

Robert has many friends. Robert's friends go to the café. They like to drink coffee. Robert's friends drink a lot of coffee.

2

André's dad has a car. The dad's car is clean but old. André's dad drives a lot. He has a good job and he has a lot of work now.

3

André has a lot of CDs. André's CDs are on his bed. André's CD player is on his bed as well.

4

Robert reads French newspapers. There are many newspapers on the table in Robert's room.

5

Anne has a cat and a dog. Anne's cat is in the room under the bed. Anne's dog is in the room as well.

6

There is a man in this car. This man has a map. The man's map is big. This man drives a lot.

7

I am a student. I have a lot of free time. I go to a job agency. I need a good job.

8

Louise has a new cooker. Louise's cooker is good and clean. She cooks breakfast for her children. Anne and André are Louise's children. Louise's children drink a lot of tea. The mother drinks a little coffee. Anne's mother can speak very few English words. She speaks English very little. Louise has a job. She has little free time.

9

Nicolas works at a job agency. This job agency is in Bordeaux. Nicolas has a car. Nicolas's car is in the street. Nicolas has a lot of work. He must go to the agency. He drives there. Nicolas comes into the agency. There are a lot of students there. They need jobs. Nicolas's job is to help the

aider les étudiants.

10

Il y a une voiture à l'hôtel. Les portes de cette voiture ne sont pas propres.

Beaucoup d'étudiants vivent dans cet hôtel. Les chambres de cet hôtel sont petites mais propres. Ceci est la chambre de Robert. La fenêtre de la chambre est grande et propre.

students.

10

There is a car at the hotel. The doors of this car are not clean.

Many students live in this hotel. The rooms of the hotel are little but clean. This is Robert's room. The window of the room is big and clean.

7

Bernard achète une moto
Bernard buys a bike

A

Mots
Words

1. achat, un - purchase
2. aimer, apprécier - like, enjoy; Je l'apprécie. - I like her. (She is liked by me)
3. aller en/conduire - to go by, to ride; aller en bus/prendre le bus - to go by bus
4. aujourd'hui - today
5. avec, à - with
6. bureau, un - office
7. bus, un - bus
8. centre, le - centre; centre-ville, le - city centre
9. cool, super, génial - cool, great
10. cuisine, une - kitchen
11. dimanche - Sunday; le petit-déjeuner du dimanche - Sunday breakfast
12. ensuite, puis, après, alors - then; après cela - after that
13. entreprise, une; firme, une - firm
14. faire - to make; bouilloire à thé, une - tea-maker
15. goûter, un; casse-croûte, un - snack (at work etc.)
16. laver, nettoyer - to wash
17. machine à laver, une - washer
18. maison, une - home, house
19. matin, le - morning
20. passer du temps - spend time
21. prendre du temps - take time; Cela prend cinq minutes. - It takes five minutes.
22. queue, la - queue, line of people
23. salle de bain, une - bathroom; baignoire, une - bath; table de salle de bain, une - bathroom table
24. sport, un - sport; magasin de sport, un - sport shop, moto de sport, une - sport bike

25. temps, le; fois - time; le temps passe - time goes; deux fois - two times
26. travailleur, un - worker
27. un par un (m), une par une (f) - one by one
28. visage, un - face
29. voyage, un - trip, journey

B

Bernard achète une moto

C'est dimanche matin. Bernard va à la salle de bain. La salle de bain n'est pas grande. Ici, il y a une baignoire, une machine à laver et une table de salle de bain. Bernard lave son visage. Ensuite, il va à la cuisine. Il y a une bouilloire à thé sur la table de la cuisine. Bernard mange son petit-déjeuner. Le petit-déjeuner du dimanche de Bernard n'est pas grand. Ensuite, il fait du thé avec la bouilloire à thé et le boit. Aujourd'hui, il veut aller dans un magasin de sport. Bernard va dans la rue. Il prend le bus numéro sept. Bernard met un peu de temps pour aller au magasin en bus.

Bernard va au magasin de sport. Il veut acheter une nouvelle moto de sport. Il y a beaucoup de motos de sport ici. Elles sont noires, bleues et vertes. Bernard aime les motos bleues. Il veut en acheter une bleue. Il y a une queue dans le magasin. Bernard met beaucoup de temps pour acheter la moto. Ensuite, il va dans la rue et conduit la moto. Il conduit jusqu'au centre-ville. Ensuite, il conduit du centre-ville jusqu'au parc de la ville. C'est si agréable de conduire une nouvelle moto de sport!

C'est dimanche matin mais Nicolas est dans son bureau. Il a beaucoup de travail aujourd'hui. Il y a la queue au bureau de Nicolas. Dans la queue, il y a beaucoup d'étudiants et de travailleurs. Ils ont besoin d'un travail. Un par un, ils viennent dans la pièce de Nicolas. Ils parlent avec Nicolas. Ensuite, il donne des adresses d'entreprises.

Maintenant, c'est l'heure du casse-croûte. Nicolas fait du café avec la bouilloire à thé. Il mange son casse-croûte et boit du café. Maintenant, il n'y a plus la queue au bureau. Nicolas peut rentrer à la maison. Il va dans la rue. Il fait si beau aujourd'hui! Nicolas

Bernard buys a bike

It is Sunday morning. Bernard goes to the bathroom. The bathroom is not big. There is a bath, a washer and a bathroom table there. Bernard washes his face. Then he goes to the kitchen. There is a tea-maker on the kitchen table. Bernard eats his breakfast. Bernard's Sunday breakfast is not big. Then he makes some tea with the tea-maker and drinks it. He wants to go to a sport shop today. Bernard goes into the street. He takes bus seven. It takes Bernard a little time to go to the shop by bus.

Bernard goes into the sport shop. He wants to buy a new sport bike. There are a lot of sport bikes there. They are black, blue and green. Bernard likes blue bikes. He wants to buy a blue one. There is a queue in the shop. It takes Bernard a lot of time to buy the bike. Then he goes to the street and rides the bike. He rides to the city centre. Then he rides from the city centre to the city park. It is so nice to ride a new sport bike!

It is Sunday morning but Nicolas is in his office. He has a lot of work today. There is a queue to Nicolas's office. There are many students and workers in the queue. They need a job. They go one by one into Nicolas's room. They speak with Nicolas. Then he gives addresses of firms.

It is snack time now. Nicolas makes some coffee with the coffee maker. He eats his snack and drinks some coffee. There is no queue to his office now. Nicolas can go home. He goes into the street. It is so nice today! Nicolas goes home. He takes his

rentre à la maison. Il prend ses enfants et va au parc de la ville. Ils passent un bon moment là-bas.

children and goes to the city park. They have a nice time there.

8

Louise veut acheter un nouveau DVD
Louise wants to buy a new DVD

A

Mots
Words

1. amical (M), amicale (F) - friendly
2. aventure, une - adventure
3. boîte, une - box
4. cassette vidéo, une - videocassette
5. demander - to ask; demander (quelque chose) - to ask for
6. dire - to say
7. DVD - DVD
8. environ, à peu près - about/appr.
9. favori, préféré (M); favorite, préférée(F) - favorite
10. film, un - film
11. heure, une - hour
12. intéressant (M), intéressante (F) - interesting
13. jeune - young
14. la plupart, le plus / les plus - most
15. long (M), longue (F) - long
16. magasin vidéo - video-shop
17. main, une - hand
18. montrer - to show
19. partir, s'en aller - to go away
20. plus - more
21. que - that; Je sais que ce livre est intéressant. - I know that this book is interesting.
22. que, qu' - than, Nicolas est plus vieux que Louise. - Nicolas is older than Louise.
23. quinze - fifteen
24. se rendre compte, apprendre (quelque chose) - to find out, to learn about smth
25. tasse, une - cup
26. vendeur, un - shop assistant
27. vingt - twenty

B

Louise veut acheter un nouveau DVD

Louise wants to buy a new DVD

Anne et Bernard sont les enfants de Louise. Anne est la plus jeune. Elle a cinq ans. Bernard a quinze ans de plus qu'Anne. Il a vingt ans. Anne est beaucoup plus jeune que Bernard.
Anne, Louise et Bernard sont dans la cuisine. Ils boivent du thé. La tasse d'Anne est grande. La tasse de Louise est plus grande. La tasse de Bernard est la plus grande.
Louise a beaucoup de cassettes vidéos et de DVD avec des films intéressants. Elle veut acheter un film plus récent. Elle va dans un magasin vidéo. Ici, il y a beaucoup de cassettes vidéos et de DVD. Elle demande à un vendeur de l'aider. Le vendeur donne des cassettes à Louise. Louise veut en savoir plus sur ces films mais le vendeur part. Dans le magasin, il y a une autre vendeuse et elle est plus amicale. Elle pose des questions à Louise sur ses films préférés. Louise apprécie les films romantiques et les films d'aventure. Le film « Titanic » est son préféré. La vendeuse montre à Louise un DVD avec le film Hollywoodien le plus récent, « La Mexicaine ». Il a pour sujet les aventures romantiques d'un homme et d'une jeune femme au Mexique. Elle montre aussi à Louise un DVD du film « La firme ». La vendeuse dit que le film « La firme » est un des films les plus intéressants. Et que c'est aussi un des films les plus longs. Il dure plus que trois heures. Louise apprécie les longs films. Elle dit que « Titanic » est le film le plus intéressant et le plus long qu'elle ait. Louise achète un DVD avec le film « La firme ». Elle remercie le vendeur et part.

Anne and Bernard are Louise's children. Anne is the youngest child. She is five years old. Bernard is fifteen years older than Anne. He is twenty. Anne is much younger than Bernard. Anne, Louise and Bernard are in the kitchen. They drink tea. Anne's cup is big. Louise's cup is bigger. Bernard's cup is the biggest. Louise has a lot of videocassettes and DVDs with interesting films. She wants to buy a newer film. She goes to a video-shop. There are many boxes with videocassettes and DVDs there. She asks a shop assistant to help her. The shop assistant hands Louise some cassettes. Louise wants to know more about these films but the shop assistant goes away. There is one more shop assistant in the shop and she is friendlier. She asks Louise about her favorite films. Louise likes romantic films and adventure films. The film "Titanic" is her most favorite film. The shop assistant shows Louise a cassette with the newest Hollywood film "The Mexican Friend". It is about romantic adventures of a man and a young woman in Mexico. She shows Louise a DVD with the film "The Firm" as well. The shop assistant says that the film "The Firm" is one of the most interesting films. And it is one of the longest films as well. It is more than three hours long. Louise likes longer films. She says that "Titanic" is the most interesting and the longest film that she has. Louise buys a DVD with the film "The Firm". She thanks the shop assistant and goes.

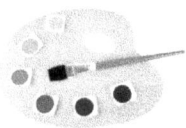

9

André écoute des chansons allemandes
André listens to German songs

A

Mots
Words

1. à côté de; proche - near
2. à peu près, environ - approximately, about
3. appeler au téléphone - to call on the phone; appel, un - call; centre d'appels, un - call centre
4. avant (time), devant (in front of) - before
5. avoir honte - to be ashamed; il a honte - he is ashamed
6. beurre, du - butter; beurrer - to butter
7. chanter - sing
8. chanteur, un; chanteuse, une - singer
9. chapeau, un - hat
10. commencer, se mettre à - to begin
11. courir - to run
12. dortoirs; résidences/chambres (universitaires)- dorms
13. Espagne, l' - Spain
14. famille, une - family
15. hors service - out of order
16. jour, un - day
17. minute, une - minute
18. nom, un - name; appeler, nommer, citer - to name
19. pain, du - bread
20. parce que, car - because
21. phrase, une - phrase
22. robe, une - dress
23. sac, un - bag
24. sauter - to jump; saut, un - jump
25. se diriger, aller - to head, to go
26. simple - simple
27. téléphone, un - telephone; téléphoner - to telephone
28. tête, une; chef, un - head; se diriger, aller - to head, to go
29. tous les (+m); toutes les (+f) - every

B

André écoute des chansons allemandes

André listens to German songs

Caroline est étudiante. Elle a vingt ans. Caroline vient d'Espagne. Elle habite dans les résidences universitaires. C'est une fille très agréable. Caroline a une robe bleue. Elle a un chapeau sur la tête. Aujourd'hui, Caroline veut appeler sa famille au téléphone. Elle se dirige vers le centre d'appels parce que son téléphone est hors service. Le centre d'appels est en face du café. Caroline appelle sa famille. Elle parle à sa mère et à son père. L'appel lui prend environ cinq minutes. Ensuite, elle appelle son amie Brigitte. Cet appel lui prend environ trois minutes.

Robert aime le sport. Il court tous les matins au parc à côté des résidences universitaires. Il court aujourd'hui aussi. Il saute aussi. Ses sauts sont très longs. Bernard et André courent et sautent avec Robert. Les sauts de Bernard sont plus longs. Les sauts d'André sont les plus longs. Il saute mieux que tout. Ensuite, Robert et André courent vers la résidence universitaire et Bernard court à la maison.

Robert prend son petit-déjeuner dans sa chambre. Il prend du pain et du beurre. Il fait du café avec la cafetière. Ensuite il beurre son pain et mange. Robert vit dans les résidences universitaires à Bordeaux. Sa chambre est à côté de la chambre d'André. La chambre de Robert n'est pas grande. Elle est propre parce que Robert la nettoie tous les jours. Dans cette chambre, il y a une table, un lit, des chaises et des meubles. Les livres et les cahiers de Robert sont sur la table. Son sac est sous la table. Les chaises sont à côté de la table. Robert prend des CD dans sa main et se dirige vers André parce qu'André veut écouter de la musique allemande. André est à la table dans sa chambre. Son chat est sous la table. Il y a du pain devant le chat. Le chat mange le pain. Robert donne les CD à André. Sur le CD, il y a le meilleur de la musique allemande. André veut aussi connaître les noms des chanteurs allemands. Robert cite ses chanteurs préférés. Il cite Jan et Néna. Ces noms sont nouveaux pour André. Il écoute les CD puis

Caroline is a student. She is twenty years old. Caroline is from Spain. She lives in the student dorms. She is a very nice girl. Caroline has a blue dress on. There is a hat on her head.
Caroline wants to telephone her family today. She heads to the call centre because her telephone is out of order. The call centre is in front of the café. Caroline calls her family. She speaks with her mother and father. The call takes her about five minutes. Then she calls her friend Brigitte. This call takes her about three minutes.

Robert likes sport. He runs every morning in the park near the dorms. He is running today too. He is jumping as well. His jumps are very long. André and Bernard run and jump with Robert. Bernard's jumps are longer. André's jumps are the longest. He jumps best of all. Then Robert and André run to the dorms and Bernard runs home.
Robert has his breakfast in his room. He takes bread and butter. He makes some coffee with the coffee-maker. Then he butters the bread and eats.
Robert lives in the dorms in Bordeaux. His room is near André's room. Robert's room is not big. It is clean because Robert cleans it every day. There is a table, a bed, some chairs and some more furniture in his room. Robert's books and notebooks are on the table. His bag is under the table. The chairs are at the table. Robert takes some CDs in his hand and heads to André's because André wants to listen to German music. André is in his room at the table. His cat is under the table. There is some bread before the cat. The cat eats the bread. Robert hands the CDs to André. There is the best German music on the CDs. André wants to know the names of the German singers as well. Robert names his favorite singers. He names Jan et Néna. These names are new to André. He

commence à chanter les chansons allemandes! Il apprécie beaucoup ces chansons. André demande à Robert d'écrire les paroles des chansons. Robert écrit les paroles des meilleures chansons allemandes pour André. André dit qu'il veut apprendre les paroles de certaines chansons et demande à Robert de l'aider. Robert aide André à apprendre les paroles. Cela prend beaucoup de temps car Robert ne sait pas bien parler français. Robert a honte. Il ne peut pas dire des phrases simples! Ensuite, Robert va dans sa chambre et apprend le français.

listens to the CDs and then begins to sing the German songs! He likes these songs very much. André asks Robert to write the words of the songs. Robert writes the words of the best German songs for André. André says that he wants to learn the words of some songs and asks Robert to help. Robert helps André to learn the words. It takes a lot of time because Robert cannot speak French well. Robert is ashamed. He cannot say some simple phrases! Then Robert goes to his room and learns French.

10

André achète des manuels de design
André buys textbooks on design

A

Mots
Words

1. au revoir - bye
2. av<u>oir</u>, recev<u>oir</u>, obten<u>ir</u> - get, receive, obtain
3. bien, de qualité - fine
4. bonjour, allô (phone) - hello
5. certains/certaines, du, de la, des, de l'; n'importe quel- some, any; n'importe quel- any of
6. chois<u>ir</u> - to choose
7. coût<u>er</u> - to cost
8. design, le - design
9. elle; son/sa/ses - her, à elle - to her
10. étudi<u>er</u> - to study
11. euro, un - euro
12. eux, elles (human); celle-ci; celui-ci, celles-ci / ceux-ci (object) - them, à eux - to them
13. genre, un; type, un - kind, type
14. image, photo - picture
15. langue, une - language
16. leçon, une - lesson
17. lui- him, à lui - to him
18. manuel, un - textbook
19. natif, un; native, une; natal, natale (adj) - native
20. parl<u>er</u> de; expliqu<u>er</u> - to explain; Pourriez vous <u>l'</u>expliquer?/Pourriez-vous <u>en</u> parl<u>er</u> - Could you explain it?
21. pay<u>er</u> - to pay
22. proche, près/à côté d'ici, voisin - nearby, next
23. programme - program
24. réellement, vraiment - really
25. regard<u>er</u> - to look
26. Samedi - Saturday
27. seulement, juste - only
28. université, une - university
29. v<u>oir</u> - to see

B

André achète des manuels de design

André est russe et le Russe est sa langue maternelle. Il étudie le design à l'université de Bordeaux.
Aujourd'hui, nous sommes samedi et André a beaucoup de temps-libre. Il veut acheter des livres sur le design. Il va à la librairie la plus proche. Ils pourraient avoir des manuels de design. Il entre dans le magasin et regarde l'étagère à livres. Une femme vient vers André. Elle est vendeuse.
« Bonjour. Puis-je vous aider? » lui demande la vendeuse.
« Bonjour, dit André, J'étudie le design à l'université. J'ai besoin de manuels. Avez-vous des manuels de design? » lui demande André.
« Quel genre de design? Nous avons des manuels de design de meubles, design de voitures, design de sport, design internet », lui explique-t-elle.
« Pourriez-vous me montrer des manuels de design de meubles et de design internet? » lui dit André.
« Vous pouvez choisir les livres des tables suivantes. Regardez-les. Ceci est un livre de Palatino, designer italien de meubles. Ce designer parle du design des meubles italiens. Il parle aussi du design de meubles en Europe et aux États-Unis. Il y a des images de qualité », explique la vendeuse.
« Je vois que le livre contient des leçons. Ce livre est vraiment bien. Combien coûte-t-il? » lui demande André.
« Il coûte 52 euros. Et vous avez un CD avec le livre. Il y a un logiciel de design de meubles sur le CD », lui dit la vendeuse.
« Il me plait vraiment », dit André.
« Vous pouvez voir des manuels sur le design internet ici, lui explique la femme, Ce livre parle du programme informatique Microsoft Office. Et ces livres parlent du programme informatique Flash. Regardez ce livre rouge. Il parle de Flash et il y a des leçons intéressantes. Choisissez-en un ».
« Combien coûte ce livre rouge? » lui demande

André buys textbooks on design

André is Russian and Russian is his native language. He studies design at university in Bordeaux.
It is Saturday today and André has a lot of free time. He wants to buy some books on design. He goes to the nearby book shop. They may have some textbooks on design. He comes into the shop and looks at the shelves with books. A woman comes to André. She is a shop assistant.
"Hello. Can I help you?" the shop assistant asks him.
"Hello." André says, "I study design at university. I need some textbooks. Do you have any textbooks on design?" André asks her.
"What kind of design? We have some textbooks on furniture design, car design, sport design, internet design," she explains to him.
"Can you show me some textbooks on furniture design and internet design?" André says to her.
"You can choose the books from the next tables. Look at them. This is a book by Italian furniture designer Palatino. This designer explains the design of Italian furniture. He explains the furniture design of Europe and the USA as well. There are some fine pictures there," the shop assistant explains.
"I see there are some lessons in the book too. This book is really fine. How much is it?" André asks her.
"It costs 52 euro. And with the book you have a CD. There is a computer program for furniture design on the CD," the shop assistant says to him.
"I really like it," André says.
"You can see some textbooks on internet design there," the woman explains to him. "This book is about the computer program Microsoft Office. And these books are about the computer program Flash. Look at this red book. It is about Flash and it has some interesting lessons. Choose, please."
"How much is this red book?" André asks her.
"This book, with two CDs, costs only 43 euro," the shop assistant says to him.

André.
« Ce livre, avec deux CD, coûte seulement 43 euros », lui dit la vendeuse.
« Je veux acheter le livre de Palatino sur le design de meubles et le livre rouge sur Flash. Combien dois-je payer pour ceux-ci? » demande André.
« Vous devez payer 95 euro pour ces deux livres », lui dit la vendeuse.
André paye. Ensuite, il prend les livres et les CD.
« Au revoir », lui dit la vendeuse.
« Au revoir », lui dit André qui va ensuite dans la rue.

"I want to buy this book by Palatino about furniture design and this red book about Flash. How much must I pay for them?" André asks.
"You need to pay 95 euro for these two books." the shop assistant says to him.
André pays. Then he takes the books and the CDs.
"Bye." the shop assistant says to him.
"Bye." André says to her and goes into the street.

11

Robert veut gagner de l'argent (partie 1)
Robert wants to earn some money (part 1)

A

Mots
Words

1. à suivre - to be continued
2. alors que, depuis; à partir de, étant donné que - as, since
3. après - after
4. boîte, une - box
5. c'est pourquoi - that is why
6. charger - to load; chargeur, un - loader; camion, un - truck
7. chef, le; gérant, le (firm); directeur; le (school) - the head/manager
8. comprendre - to understand
9. de l' /par - per; Je gagne 10 euros de l'heure. - I earn 10 euro per hour.
10. difficile; dur (M), dure (F) - hard
11. énergie, une/ l' - energy
12. gagner - to earn
13. habituel (M), habituelle (F)- usual; habituellement - usually
14. heure(s) - o'clock, hour; Il est deux heures. - It is two o'clock.
15. heure, une - hour; toutes les heures - hourly
16. jour, un - day, au quotidien, tous les jours, par jour - daily
17. liste, une - list
18. meilleur, meilleure; mieux - better
19. note, une- note
20. numéro, un - number
21. OK, bien, bon - OK, well
22. partie, une - part
23. pourquoi - why
24. rapidement - quickly, rapide- quick
25. réponse, une - answer, répondre - to answer
26. service du personnel, le - personnel department

27. terminé (M); terminée (F)- finish; terminer - to finish
28. transport, un - transport (noun), de transport - transport (adj)
29. un de plus/un autre (M), une de plus/une autre (F) - one more

 **B**

Robert veut gagner de l'argent (partie 1)

Tous les jours après l'université, Robert a du temps libre. Il veut gagner un peu d'argent. Il se rend dans une agence d'emploi. Ils lui donnent l'adresse d'une entreprise de transport. L'entreprise de transport Rapid a besoin d'un chargeur. Ce travail est vraiment difficile. Mais ils paient vingt euros de l'heure. Robert veut ce travail. Il va donc au bureau de l'entreprise de transport.
« Bonjour. J'ai une note pour vous de la part d'une agence d'emploi », dit Robert à une femme du service du personnel de l'entreprise. Il lui donne la note.
« Bonjour, dit la femme, Je m'appelle Simone Lefevre. Je suis la chef de service du personnel. Quel est votre nom? »
« Je m'appelle Robert Genscher », dit Robert.
« Etes-vous français? » demande Simone.
« Non. je suis allemand », répond Robert.
« Savez-vous bien parler et lire le français? » demande-t-elle.
« Oui », dit-il.
« Quel âge avez-vous, Robert? » demande-t-elle.
« J'ai vingt ans », répond Robert.
« Voulez vous travailler comme chargeur dans une 'entreprise de transport », lui demande le chef de service du personnel.
Robert a honte de dire qu'il ne peut pas obtenir un meilleur travail parce qu'il ne parle pas bien français. Il dit alors: « Je veux gagner vingt euros de l'heure ».
« Bien, bien, dit Simone, Habituellement, notre entreprise de transport n'offre pas beaucoup de travail de chargement. Mais en ce moment nous avons vraiment besoin d'un chargeur de plus. Pourriez-vous charger rapidement des boîtes de vingt kilogrammes? »
« Oui, je le peux. J'ai beaucoup d'énergie », répond Robert.

Robert wants to earn some money (part 1)

Robert has free time daily after university. He wants to earn some money. He heads to a job agency. They give him the address of a transport firm. The transport firm Rapid needs a loader. This work is really hard. But they pay 20 euro per hour. Robert wants to take this job. So he goes to the office of the transport firm.
"Hello. I have a note for you from a job agency," Robert says to a woman in the personnel department of the firm. He gives her the note.
"Hello," the woman says, "My name is Simone Lefevre. I am the head of the personnel department. What is your name?"
"My name is Robert Genscher," Robert says.
"Are you not French?" Simone asks.
"No. I am German." Robert answers.
"Can you speak and read French well?" she asks.
"Yes, I can" he says.
"How old are you, Robert?" she asks.
"I am twenty years old." Robert answers.
"You want to work at the transport firm as a loader. Why as a loader?" the head of the personnel department asks him.
Robert is ashamed to say that he cannot have a better job because he cannot speak French well. So he says: "I want to earn 20 euro per hour."
"Well-well." Simone says. "Our transport firm usually does not have much loading work. But now we really need one more loader. Can you load quickly boxes with 20 kilograms of load?"
"Yes, I can. I have a lot of energy," Robert

« Nous avons besoin d'un chargeur trois heures par jour. Pourriez-vous travailler de quatre à sept heures? » demande-t-elle.
« Oui, mes cours terminent à une heure », lui répond l'étudiant.
« Quand pourriez-vous commencer le travail? » lui demande la chef de service du personnel.
« Je peux commencer maintenant », répond Robert.
« Bien. Regardez cette liste de chargement. Il y a des noms d'entreprises et de magasins dans la liste, explique Simone, Toutes les entreprises et magasins ont des numéros. Ce sont les numéros des boîtes. Et ce sont des numéros de camions où vous devez charger ces boîtes. Les camions viennent et partent toutes les heures. Vous devez donc travailler rapidement. OK? »
« OK », répond Robert, ne comprenant pas bien Simone.
« Maintenant, prenez cette liste de chargement et allez à la porte de chargement numéro trois », dit la chef de service du personnel à Robert. Robert prend la liste de chargement et part au travail.

(à suivre)

answers.
"We need a loader daily for three hours. Can you work from four to seven o'clock?" she asks.
"Yes, my lessons finish at one o'clock," the student answers to her.
"When can you begin the work?" the head of the personnel department asks him.
"I can begin now," Robert answers.
"Well. Look at this loading list. There are some names of firms and shops in the list," Simone explains. "Every firm and shop has some numbers. They are numbers of the boxes. And these are numbers of the trucks where you must load these boxes. The trucks come and go hourly. So you need to work quickly. OK?"
"OK." Robert answers, not understanding Simone well.
"Now take this loading list and go to the loading door number three," the head of the personnel department says to Robert. Robert takes the loading list and goes to work.

(to be continued)

12

Robert veut gagner de l'argent (partie 2)
Robert wants to earn some money (part 2)

 A

Mot<u>s</u>
Words

1. au lieu (+ du, de la, des) - instead of; à ta place - instead of you
2. amen<u>ant</u> - bringing
3. amen<u>er</u> - to bring
4. apprendre à connaître quelqu'un - get to know smbd; Je suis enchanté(e) de faire votre connaissance. - I am glad to meet you.
5. condui<u>re</u> - to drive, conducteur, un - driver
6. correct (M), correct<u>e</u> (F) - correct; correcte<u>ment</u> - correctly; <u>in</u>correcte<u>ment</u> - incorrectly; corrig<u>er</u> - to correct
7. d'accord, OK, bien, bon - OK, well
8. désolé (M), désolée (F) - sorry; Je suis désolé(e). - I am sorry.
9. détes<u>ter</u> - to hate
10. enchanté (M), enchantée (F) - glad
11. enseignant, un; enseignante, une - teacher
12. être désolé(e) - to be sorry; Je suis désolé(e). - I am sorry.
13. fils, un - son
14. ici - here (a place), là-bas - here (a direction), Ici il y a, voici - here is
15. il est temps de... - it is time to...
16. leur(s), eux - their, them
17. Lundi - Monday
18. maman, une; mère, une - mom, mother
19. marcher, all<u>er</u>- to walk, to go
20. mauvais, méchant (M), mauvaise, méchante (F) - bad
21. monsieur - mister
22. raison, une - reason
23. rencont<u>rer</u> - to meet

24. retour, de retour - back
25. se lev<u>er</u> - to get up; Lève-toi! - Get up!
26. ton, ta, tes (informal), votre, vos (formal) - your
27. ven<u>ir</u>/repart<u>ir</u> - come/go back

Robert veut gagner de l'argent (partie 2)

Il y a beaucoup de camions à la porte de chargement numéro trois. Ils sont de retour, ramenant leurs chargements. La chef de service du personnel et le chef de l'entreprise viennent ici. Ils viennent vers Robert. Robert charge des boîtes dans un camion. Il travaille rapidement.
« Hé, Robert! S'il vous plaît, venez ici, Simone l'appelle, Voici le chef de l'entreprise, Mr Dupont ».
« Je suis enchanté de faire votre connaissance », dit Robert en venant vers eux.
« Moi aussi, répond Mr Dupont, Où est votre liste de chargement? »
« Elle est ici », Robert lui donne la liste de chargement.
« Très bien, dit Mr Dupont en regardant la liste, Regardez ces camions. Ils reviennent en ramenant leurs charges parce que vous avez mal chargé les boîtes. Les boîtes de livres vont dans un magasin de meubles au lieu du magasin de livres, la boîte de cassettes vidéo et les DVD vont au café au lieu du magasin vidéo et les boîtes de sandwichs vont au magasin vidéo au lieu du café! C'est un mauvais travail! Désolé mais vous ne pouvez pas travailler dans notre entreprise », dit Mr Dupont en retournant dans son bureau.
Robert ne peut pas charger correctement des boîtes parce qu'il ne lit et ne comprend pas bien le français. Simone le regarde. Robert a honte.
« Robert, tu peux mieux améliorer ton français et revenir à nouveau. D'accord? » dit Simone.
« D'accord, répond Robert, Au revoir Simone ».
« Au revoir Robert », répond Simone.
Robert rentre à la maison. Maintenant, il veut mieux améliorer son français puis trouver un nouveau travail.

Robert wants to earn some money (part 2)

There are many trucks at the loading door number three. They are coming back bringing back their loads. The head of the personnel department and the head of the firm come there. They come to Robert. Robert is loading boxes in a truck. He is working quickly.
"Hey, Robert! Please, come here," Simone calls him. "This is the head of the firm, Mr. Dupont."
"I am glad to meet you," Robert says coming to them.
"I too," Mr. Dupont answers, "Where is your loading list?"
"It is here," Robert gives him the loading list.
"Well-well," Mr. Dupont says looking in the list. "Look at these trucks. They come back bringing back their loads because you load the boxes incorrectly. The boxes with books go to a furniture shop instead of the book shop, the boxes with videocassettes and DVDs go to a café instead of the video shop, and the boxes with sandwiches go to a video shop instead of the café! It is bad work! Sorry but you cannot work at our firm," Mr. Dupont says and walks back to the office. Robert cannot load boxes correctly because he can read and understand very few French words. Simone looks at him. Robert is ashamed.
"Robert, you can learn French better and then come again. OK?" Simone says.
"OK," Robert answers, "Bye Simone."
"Bye Robert," Simone answers.
Robert walks home. He wants to learn French better now and then take a new job.

Il est temps d'aller à l'université

Un lundi matin, une mère entre dans la chambre pour réveille son fils.
« Lève-toi, il est sept heures. Il est temps d'aller à l'université! »
« Mais pourquoi, Maman? Je ne veux pas y aller ».
« Cite-moi deux raisons pour lesquelles tu ne veux pas y aller », répond la mère au fils.
« Les étudiants me détestent et les enseignants me détestent aussi! »
« Oh, ce ne sont pas des raisons pour ne pas aller à l'université. Lève-toi! »
« D'accord. Cite-moi deux raisons pour lesquelles je devrais aller à l'université », dit-il à sa mère.
« Bon, d'abord, parce que tu as 55 ans. Et ensuite, parce que tu es le directeur de l'université! Lève-toi maintenant! »

It is time to go to university

Monday morning a mother comes into the room to wake up her son.
"Get up, it is seven o'clock. It is time to go to university!"
"But why, Mom? I don't want to go."
"Name me two reasons why you don't want to go," the mother says to the son.
"The students hate me for one and the teachers hate me too!"
"Oh, they are not reasons not to go to university. Get up!"
"OK. Name me two reasons why I must go to university," he says to his mother.
"Well, for one, you are 55 years old. And for two, you are the head of the university! Get up now!"

13

Le nom de l'hôtel
The name of the hotel

A

Mots

1. à pied - on foot
2. Allemagne, l' - Germany
3. ascenseur, un - lift
4. au-dessus de (space) - over
5. bas, en-bas - down
6. bâtiment, un - building
7. Casper - Kasper (name)
8. chemin, un; passage, un - way
9. dehors, hors de/du, à l'extérieur - outside
10. déjà - already
11. dormir - to sleep
12. en dehors de, hors de, de - out of
13. encore, à nouveau - again
14. fâché, en colère - angry
15. fatigué (M), fatiguée (F) - tired
16. Ford - Ford
17. idiot (M), idiote (F) - silly
18. lac, un - lake
19. maintenant, en ce moment - now
20. marcher - to walk
21. meilleur (M), meilleure (F), mieux - best
22. montrer - to show
23. nuit, la - night
24. ouvrir - to open
25. par, à travers - through, across
26. partir - to leave
27. passé, le (time); en passant devant (space) - past
28. pied, un - foot
29. pont, un - bridge
30. publicité, une; petites annonces, les - advert
31. puis, ensuite, après, alors - then
32. rond, autour - round
33. se lever - to stand
34. soir, le - evening
35. sourire - to smile
36. sourire, un - smile
37. stopper, arrêter, s'arrêter - to stop
38. surprendre - to surprise
39. surpris (M), surprise (F) - surprised
40. surprise, une - surprise

41. taxi, un - taxi; chauffeur de taxi, un - taxi driver
42. trouv<u>er</u> - to find
43. un autre, une autre - another
44. vo<u>ir</u> - to see

 **B**

Le nom de l'hôtel

The name of the hotel

Voici un étudiant. Il s'appelle Casper. Casper vient d'Allemagne. Il ne sait pas parler français. Il veut apprendre le français dans une université en France. Casper vit dans un hôtel à Bordeaux.
Maintenant, il est dans sa chambre. Il regarde la carte. La carte est très bien. Casper voit des rues, des squares et des magasins sur la carte. Il sort de la chambre et traverse le long couloir vers l'ascenseur. L'ascenseur l'emmène en bas. Casper traverse le grand hall et sort de l'hôtel. Il s'arrête près de l'hôtel et écrit le nom de l'hôtel dans son calepin. À l'hôtel, il y a un square rond et un lac. Casper traverse le square vers le lac. Il marche autour du lac vers le pont. Beaucoup de voitures, de camions et de gens passent au-dessus du pont. Casper passe sous le pont. Puis il marche le long de la rue vers le centre-ville. Il passe devant beaucoup de jolis bâtiments.
C'est déjà le soir. Casper est fatigué et veut retourner à l'hôtel. Il arrête un taxi, puis ouvre son calepin et montre le nom de l'hôtel au chauffeur de taxi. Le chauffeur de taxi regarde dans le calepin, sourit puis s'en va dans sa voiture. Casper ne comprend pas. Il se lève et regarde dans son calepin. Puis il arrête un autre taxi et montre encore le nom de l'hôtel au chauffeur de taxi. Le chauffeur regarde dans le calepin. Puis il regarde Casper, sourit et s'en va aussi dans sa voiture. Casper est surpris. Il arrête un autre taxi. Mais ce taxi s'en va également. Casper ne comprend pas. Il est surpris et en colère. Mais il n'est pas idiot. Il ouvre sa carte et trouve le chemin vers l'hôtel. Il revient à l'hôtel à pied.
C'est la nuit. Casper est dans son lit. Il dort. Les étoiles regardent à travers la fenêtre de sa chambre. Le calepin est sur la table. Il est ouvert. « Ford est la meilleure voiture ». Ce n'est pas le nom de l'hôtel. C'est une publicité sur le bâtiment de l'hôtel.

This is a student. His name is Kasper. Kasper is from Germany. He cannot speak French. He wants to learn French at a university in France. Kasper lives in a hotel in Bordeaux now.
He is in his room now. He is looking at the map. This map is very good. Kasper sees streets, squares and shops on the map. He goes out of the room and through the long corridor to the lift. The lift takes him down. Kasper goes through the big hall and out of the hotel. He stops near the hotel and writes the name of the hotel into his notebook. There is a round square and a lake at the hotel. Kasper goes across the square to the lake. He walks round the lake to the bridge. Many cars, trucks and people go over the bridge. Kasper goes under the bridge. Then he walks along a street to the city centre. He goes past many nice buildings.
It is evening already. Kasper is tired and he wants to go back to the hotel. He stops a taxi, then opens his notebook and shows the name of the hotel to the taxi driver. The taxi driver looks in the notebook, smiles and drives away. Kasper cannot understand it. He stands and looks in his notebook. Then he stops another taxi and shows the name of the hotel to the taxi driver again. The driver looks in the notebook. Then he looks at Kasper, smiles and drives away too. Kasper is surprised. He stops another taxi. But this taxi drives away too. Kasper cannot understand it. He is surprised and angry. But he is not silly. He opens his map and finds the way to the hotel. He comes back to the hotel on foot.
It is night. Kasper is in his bed. He is sleeping. The stars are looking in the room through the window. The notebook is on the table. It is

open. "Ford is the best car". This is not the name of the hotel. This is an advert on the building of the hotel.

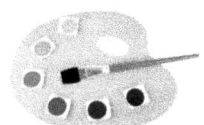

14

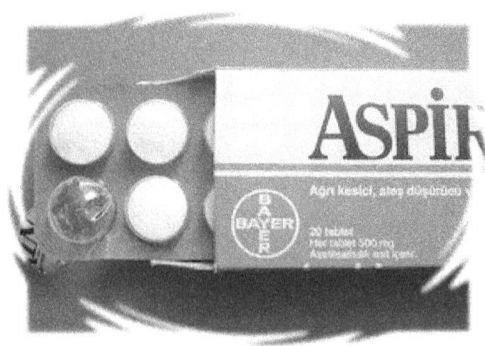

Aspirine
Aspirin

A

Mots

1. à - at, à une heure - at one o'clock
2. après, passé, en passant devant - past; huit heures et demi - half past eight
3. aspirine, une / de l' - aspirin
4. bien sûr, évidemment - of course
5. blanc (M), blanche (F) - white
6. bureau, un - desk
7. certains/certaines, du/de la/de l', tout, aucun- some, any
8. chimie, la - chemistry
9. chimique - chemical (adj); produits chimiques- chemicals
10. comprimé, un - pill
11. cristal, un; cristaux, des - crystal
12. dans - in, dans deux heures - in two hours;
13. dernier - last
14. dix - ten
15. dortoirs; résidences/chambres (universitaires)- dorms
16. durer - to last
17. enfin - at last
18. essayer - to try
19. essayer : j'essaie, tu essaies, il/on essaie, nous essayons, vous essayez, ils/elles essayent- try
20. gars, un; type, un - guy
21. gris (M), grise (F)- grey
22. intelligent, malin (M), intelligente, maligne (F) - smart
23. merveilleux - wonderful
24. moitié, une - half
25. montre, une - watch
26. morceau de papier, un - sheet (of paper)
27. obtenir - to get (something)
28. papier, un - paper
29. passer, réussir - to pass; examen / examen réussi - passed exam
30. pause, une - break, pause
31. pendant - during
32. penser, réfléchir - to think
33. pharmacie, une - pharmacy
34. puant - stinking
35. que - that (conj)
36. quelque chose - something
37. salle de classe, une - classroom

38. s'asseoir: je <u>m</u>'assied<u>s</u>, tu <u>t</u>'assied<u>s</u>, il <u>s</u>'assie<u>d</u>, nous <u>nous</u> assey<u>ons</u>, vous <u>vous</u> assey<u>ez</u>, ils <u>s</u>'assey<u>ent</u> - to sit down
39. si, tellement - so
40. souvent - often
41. tâche, une - task
42. termin<u>er</u> - to finish
43. test, un; examen, un - test
44. tester - to test

Aspirine

Aspirin

Voici l'ami de Robert. Il s'appelle André. André vient de Russie. Sa langue maternelle est le Russe. Il parle aussi très bien français André habite dans la résidence universitaire. En ce moment, André est dans sa chambre. Aujourd'hui, André a un contrôle de chimie. Il regarde sa montre. Il est huit heures. Il est temps d'y aller. André va dehors. Il va à l'université. L'université est à côté de la résidence universitaire. Il lui faut environ dix minutes pour aller à l'université. André entre dans la salle de classe.. Il ouvre la porte et regarde dans la salle de classe. Ici, il y a des étudiants et l'enseignant. André entre dans la salle de classe.
« Bonjour », dit-il.
« Bonjour », répondent l'enseignant et les étudiants.
André va à son bureau et s'assied. Le contrôle de chimie commence à huit heures et demi. L'enseignant vient au bureau d'André.
« Voici ton travaille, dit l'enseignant. Puis il donne un morceau de papier à André avec cette tâche, Tu dois faire de l'aspirine. Vous pouvez travailler de huit heures et demi à midi. Commencez s'il vous plaît », dit l'enseignant.
André sait comment faire ce travail. Il prend des produits chimiques et commence. Il travaille pendant dix minutes. Enfin, il obtient quelque chose de gris et puant. Ce n'est pas de la bonne aspirine. André sait qu'il doit obtenir de grands cristaux d'aspirine blancs. Puis il essaye encore et encore. André travaille pendant une heure mais il obtient encore quelque chose de gris et puant. André est en colère et fatigué. Il n'y comprend rien. Il s'arrête et réfléchit un peu. André est un type intelligent. Il réfléchit pendant quelques minutes puis trouve la solution! Il se lève.
« Puis-je avoir une pause de dix minutes? » demande

This is Robert's friend. His name is André. André is from Russia. His native language is Russian. He can speak French very well too. André lives in the dorms. André is in his room now. André has a chemistry test today. He looks at his watch. It is eight o'clock. It is time to go. André goes outside. He goes to the university. The university is near the dorms. It takes him about ten minutes to go to the university. André comes to the chemical classroom. He opens the door and looks into the classroom. There are some students and the teacher there. André comes into the classroom.
"Hello," he says.
"Hello," the teacher and the students answer.
André comes to his desk and sits down. The chemistry test begins at half past eight. The teacher comes to André's desk.
"Here is your task," the teacher says. Then he gives André a sheet of paper with the task, "You must make aspirin. You can work from half past eight to twelve o'clock. Begin, please," the teacher says.
André knows this task. He takes some chemicals and begins. He works for ten minutes. At last he gets something grey and stinking. This is not good aspirin. André knows that he must get big white crystals of aspirin. Then he tries again and again. André works for an hour but he gets something grey and stinking again. André is angry and tired. He cannot understand it. He stops and thinks a little. André is a smart guy. He thinks for a minute and then finds the answer! He stands up.

André à l'enseignant.

« Bien sûr », répond l'enseignant.

André sort. Il trouve une pharmacie à côté de l'université. Il entre et achète des comprimés d'aspirine. Dix minutes plus tard, il revient dans la salle de classe. Les étudiants sont assis et travaillent. André s'assied.

« Puis-je terminer l'examen? » Dema,nde André à l'enseignant après 5 minutes.

L'enseignant vient au bureau d'André. Il voit de gros cristaux blancs d'aspirine. L'enseignant s'arrête, surpris. Il reste debout et regarde l'aspirine pendant une minute.

« C'est merveilleux! Ton aspirine est tellement belle! Mais je n'arrive pas à comprendre! J'essaye souvent d'obtenir de l'aspirine et j'obtiens seulement quelque chose de gris et puant, dit l'enseignant, Tu as réussi l'examen », dit-il.

André part après l'examen. L'enseignant voit quelque chose de blanc sur le bureau d'André. Il va vers le bureau et trouve le papier des comprimés d'aspirine.

« Tu es un garçon malin. Ok, André. Maintenant, tu vas avoir des problèmes », dit l'enseignant.

"May I have a break for ten minutes?" André asks the teacher.

"Of course, you may," the teacher answers. André goes outside. He finds a pharmacy near the university. He comes in and buys some pills of aspirin. In ten minutes he comes back to the classroom. The students sit and work. André sits down.

"May I finish the test?" André says to the teacher in five minutes.

The teacher comes to André's desk. He sees big white crystals of aspirin. The teacher stops in surprise. He stands and looks at aspirin for a minute.

"It is wonderful! Your aspirin is so nice! But I cannot understand it! I often try to get aspirin and I get only something grey and stinking," the teacher says. "You passed the test," he says.

André goes away after the test. The teacher sees something white at André's desk. He comes to the desk and finds the paper from the aspirin pills.

"Smart guy. Ok, André. Now you have a problem," the teacher says.

15

Anne et le kangourou
Anne and the kangaroo

A

Mots

1. amen<u>er</u> (quelque part) - take somewhere
2. année, une - year
3. bibliothèque, une; étagère à livres, une - bookcase
4. calme<u>ment</u>, douce<u>ment</u> - quietly
5. cheveu<u>x</u>, des (PL) - hair
6. chute, une - a fall
7. Comment all<u>ez</u>-vous (formal) / Comment v<u>as</u>-tu? (informal) - How are you?
8. complet (M), complèt<u>e</u> (F); plein de, plein d' - full
9. coul<u>er</u> (le long de /vers le bas) - flow down smth.
10. cri<u>er</u>, pleur<u>er</u> - to shout, to cry
11. D'accord, Ok, bien, bon - OK, well
12. eau, de l'- water
13. embêt<u>er</u>, <u>s</u>'embêter - to bother
14. ensemble - together
15. étudi<u>er</u> - to study
16. forte<u>ment</u>- strongly, fort (M), fort<u>e</u> (F) - strong
17. glace, une/ de la - ice-cream
18. grand (M), grand<u>e</u> (F) - wide
19. hé! / ohé! - hey!
20. heureu<u>x</u> (M), heureu<u>se</u> (F) - happy
21. Je v<u>ais</u>, tu v<u>as</u>, il/elle v<u>a</u>, nous all<u>ons</u>, vous all<u>ez</u>, ils/elles v<u>ont</u> (+ infinitive verb) - I will (future ind.)
22. je, me, moi - me
23. jouet, un - toy
24. kangourou, un - kangaroo
25. lion, un - lion
26. mois, un - month
27. mouillé (M), mouillée (F) - wet
28. nous - us
29. Oh! - Oh!
30. olympique - olympic
31. oreille, une - ear
32. pauvre - poor

33. pleu<u>r</u>er - to weep, to cry
34. poupée, une - doll
35. premier (M), premiè<u>r</u>e (F), premiè<u>re</u>ment (adv) - first
36. projet, un; plan, un - plan, planifi<u>er</u> - to plan
37. quand, lorsque - when
38. que, qu'est ce que, quoi / quel, quelle - what; Qu'est-ce que c'est? - What is this? Quelle table? - What table?
39. queue, une - tail
40. seau, un - pail
41. singe, un - monkey
42. son (+m), sa (+f), ses (+pl); lui - his, him
43. sortir, amener / obtenir / se rendre, aller (direction) - to take out; to get
44. surprise, une - surprise
45. tap<u>er</u>, batt<u>re</u> - to hit, to beat
46. tigre, un - tiger
47. ti<u>r</u>er - to pull
48. tomb<u>er</u> - to fall, chute, une - fall
49. V + ons / allons-nous + inf V - let us
50. voisin, proche, à côté, près de; suivant/suivant<u>e</u> - neighbouring, next
51. voler - to fly
52. zèbre, un - zebra
53. zoo, un - zoo

 **B**

Anne et le kangourou

Anne and the kangaroo

Maintenant, Robert est étudiant. Il étudie à l'université. Il étudie le français. Robert vit dans la résidence universitaire. Il vit à côté de chez André. En ce moment, Robert est dans sa chambre. Il prend le téléphone et appelle son ami Bernard.
« Allo », répond Bernard à l'appel.
« Allo Bernard. C'est moi, Robert. Comment vas-tu? » dit Robert.
« Bonjour Robert. Je vais bien. Merci. Et comment vas-tu? » répond Bernard.
« Je vais bien aussi. Merci. Je vais partir faire une promenade. Quels sont tes projets pour aujourd'hui? » dit Robert.
« Ma soeur Anne veut aller avec moi au zoo. Je vais partir avec elle maintenant. Allons-y ensemble », dit Bernard.
« Ok. Je vais venir avec vous. Où allons-nous nous retrouver? » demande Robert.
« Retrouvons-nous à l'arrêt de bus Olympique. Et demande à André s'il veux venir avec nous », dit Bernard.
« Ok. Au revoir », répond Robert.
« A tout à l'heure. Au revoir », répond Bernard.
Ensuite, Robert va dans la chambre d'André. André est dans sa chambre.

Robert is a student now. He studies at a university. He studies French. Robert lives at the dorms. He lives next door to André's.
Robert is in his room now. He takes the telephone and calls his friend Bernard.
"Hello," Bernard answers the call.
"Hello Bernard. It is Robert here. How are you?" Robert says.
"Hello Robert. I am fine. Thanks. And how are you?" Bernard answers.
"I am fine too. Thanks. I will go for a walk. What are your plans for today?" Robert says.
"My sister Anne asks me to take her to the zoo. I will take her there now. Let us go together." Bernard says.
"Okay. I will go with you. Where will we meet?" Robert asks.
"Let us meet at the bus stop Olympic. And ask André to come with us too," Bernard says.
"Okay. Bye." Robert answers.
"See you. Bye," Bernard says.
Then Robert goes to André's room. André is in his room.
"Hello," Robert says.

« Bonjour », dit-il. « Oh, bonjour Robert. Entre, s'il te plaît », dit André. Robert entre. « Bernard, sa sœur et moi allons au zoo. Veux-tu venir avec nous? » demande Robert. « Bien sûr, je vais venir aussi! » dit André. Robert et André vont jusqu'à l'arrêt de bus Olympique. Là bas, ils voient Bernard et sa sœur Anne. La sœur de Bernard a seulement cinq ans. C'est une petite fille et elle a plein d'énergie. Elle aime beaucoup les animaux. Mais Anne pense que les animaux sont des jouets. Les animaux partent en courant parce qu'elle les embête beaucoup. Elle leur tire la queue ou l'oreille, les tape avec une main ou un jouet. Anne a un chien et un chat à la maison. Quand Anne est à la maison, le chien est sous un lit et le chat est assis sur la bibliothèque. Alors elle ne peut pas les avoir. Anne, Bernard, Robert et André entrent dans le zoo. Il y a beaucoup d'animaux dans le zoo. Anne est très heureuse. Elle court vers les lions et vers les tigres. Elle tape le zèbre avec sa poupée. Elle tire la queue d'un singe si fort que tous les singes partent en courant et en criant. Puis Anne voit un kangourou. Le kangourou boit de l'eau dans un seau. Anne sourit et va très doucement vers le kangourou. Puis... « Hé!! Kangourou-ou-ou!! » crie Anne en tirant sa queue. Le kangourou regarde Anne de ses yeux grands ouverts. Il saute par surprise si bien que le seau d'eau vole en l'air et tombe sur Anne. De l'eau coule le long de ses cheveux, de son visage et de sa robe. Anne est toute mouillée. « Tu es un méchant kangourou! Méchant! » crie-t-elle. Certaines personnes sourient et d'autres disent: « Pauvre fille ». Bernard ramène Anne à la maison. « Tu ne dois pas embêter les animaux », dit Bernard en lui donnant une glace. Anne mange la glace. « D'accord. Je ne jouerai plus avec les animaux qui sont très grands et en colère, se dit Anne, Je ne jouerai qu'avec les petits animaux ». Elle est de nouveau heureuse.	*"Oh, hello Robert. Come in, please," André says. Robert comes in.* *"I, Bernard and his sister will go to the zoo. Will you go together with us?" Robert asks.* *"Of course, I will go too!" André says. Robert and André walk to the bus stop Olympic. They see Bernard and his sister Anne there.* *Bernard's sister is only five years old. She is a little girl and she is full of energy. She likes animals very much. But Anne thinks that animals are toys. The animals run away from her because she bothers them very much. She can pull tail or ear, hit with a hand or with a toy. Anne has a dog and a cat at home. When Anne is at home the dog is under a bed and the cat sits on the bookcase. So she cannot get them.* *Anne, Bernard, Robert and André come into the zoo. There are a lot of animals in the zoo. Anne is very happy. She runs to the lion and to the tiger. She hits the zebra with her doll. She pulls the tail of a monkey so strong that all the monkeys run away crying. Then Anne sees a kangaroo. The kangaroo drinks water from a pail. Anne smiles and comes to the kangaroo very quietly. And then...* *"Hey!! Kangaroo-oo-oo!!" Anne cries and pulls its tail. The kangaroo looks at Anne with wide open eyes. It jumps in surprise so that the pail with water flies up and falls on Anne. Water runs down her hair, her face and her dress. Anne is all wet.* *"You are a bad kangaroo! Bad!" she cries. Some people smile and some people say: "Poor girl." Bernard takes Anne home.* *"You must not bother the animals," Bernard says and gives an ice-cream to her. Anne eats the ice-cream.* *"Okay. I will not play with very big and angry animals," Anne thinks. "I will play with little animals only." She is happy again.*

16

Les parachutistes
Parachutists

A

Mots

1. à propos - by the way
2. air, l'- air
3. aller: Je v<u>ais</u>, tu v<u>as</u>, il/elle v<u>a</u>, nous all<u>ons</u>, vous all<u>ez</u>, ils/elles vont...(+inf) - will
4. après - after
5. astuce, une; tour de passe-passe, un - trick
6. atter<u>rir</u> - to land
7. attrap<u>er</u> - to catch
8. au-dessus de (space), terminé (=finished)- over
9. autre, un - other
10. avec colère, en colère - angrily
11. avion, un - airplane
12. club, un - club
13. cool, super, génial - great
14. cr<u>oire</u> - to believe
15. dans la rue, dehors - into the street, outside
16. dans, dedans, à l'intérieur de - inside
17. en / de caoutchouc - rubber
18. en dehors de - out of
19. entraî<u>ner</u> - to train; entraîné (M), entraîn<u>ée</u> (F) - trained
20. équipe, une - team
21. être silencieux: je suis, tu es, il/elle est, nous sommes; vous êtes, ils/elles sont...+ silencieux / silencieuse(s) - to be silent
22. être: je suis, tu es, il/elle est, nous sommes, vous êtes, ils/elles sont - to be
23. fai<u>re</u>: je fai<u>s</u>, tu fai<u>s</u>, il/elle fai<u>t</u>, nous fais<u>ons</u>, vous fait<u>es</u>, ils/elles <u>font</u> - to do
24. ferm<u>er</u> - to close
25. habillé (M), habill<u>ée</u> (F) - dressed
26. jaune - yellow

27. juste, seulement - just, only
28. membre, un - member
29. métal, un - metal
30. mettre - to put on
31. neuf - nine
32. pantalon, un (sing) - trousers
33. papa, un - daddy
34. parachute, un (object), parachutisme (activity)- parachute; parachutiste, un/une - parachutist
35. parachutiste rembourré, un - stuffed parachutist
36. partie, une- part
37. pilote, un / une - pilot
38. plafond, un - roof
39. pour, afin de - in order to…
40. pousser- to push
41. prendre place, s'asseoir - to take a seat
42. préparer - to prepare
43. propre, le mien / le tien / le sien - own
44. public, un - audience
45. réel, vrai - real
46. robe, une - dress
47. rouge - red
48. sauf, mais - except, but
49. sauver, secourir - to save
50. s'exclamer - exclaim
51. si - if
52. siège, un - seat
53. silencieusement, en silence - silently
54. silencieux (M), silencieuse (F) - silent
55. sortir - to get off
56. spectacle aérien, un - airshow
57. terre, une - land
58. tombé(e), qui est tombé(e) - falling
59. veste, une - jacket
60. vie, la - life; astuce de sauvetage, une - life-saving trick

 B

Les parachutistes

Parachutists

C'est le matin. Robert entre dans la chambre d'André. André est assis à la table et écrit quelque chose. Le chat d'André, Favori, est sur le lit d'André. Il dort calmement.
« Puis-je entrer? » demande Robert.
« Oh, Robert. Entre, s'il te plaît. Comment vas-tu? » répond André.
« Bien. Merci. Comment vas-tu? » dit Robert.
« Je vais bien. Merci. Assied-toi, s'il te plaît », répond André.
Robert s'assied sur une chaise.
« Tu sais que je suis membre du club de parachutisme. Aujourd'hui, il y a un spectacle de l'air, dit Robert, Je vais y faire des sauts ».
« C'est très intéressant, répond André, Je vais peut-être venir voir le spectacle de l'air ».
« Si tu veux, je peux t'y emmener et tu pourras voler en avion », dit Robert.
« Vraiment? Ce serai super! cire André, À quelle heure commence le spectacle de l'air? »

It is morning. Robert comes to André's room. André is sitting at the table and writing something. André's cat Favorite is on André's bed. It is sleeping quietly.
"May I come in?" Robert asks.
"Oh, Robert. Come in please. How are you?" André answers.
"Fine. Thanks. How are you?" Robert says.
"I am fine. Thanks. Sit down, please," André answers.
Robert sits on a chair.
"You know I am a member of a parachute club. We are having an airshow today," Robert says. "I am going to make some jumps there."
"It is very interesting," André answers, "I may come to see the airshow."
"If you want I can take you there and you can fly in an airplane," Robert says.
"Really? That will be great!" André cries, "What time is the airshow?"
"It begins at ten o'clock in the morning,"

« Il commence à dix heures du matin, répond Robert, Bernard va venir aussi. À propos, nous avons besoin d'aide pour pousser un parachutiste rembourré hors de l'avion. Vas-tu nous aider? »
« Un parachutiste rembourré? Pourquoi? » dit André, surpris.
« Tu vois, ça fait partie du spectacle, dit Robert, C'est une astuce de sauvetage. Le parachutiste rembourré tombe. À ce moment, un vrai parachutiste vole vers lui, l'attrape et ouvre son propre parachute. L'‹ homme › est sauvé! »
« Super! répond André, Je vais t'aider. Allons-y! »
André et Robert vont dehors. Ils viennent à l'arrêt de bus Olympique et prennent le bus. Cela ne prend que dix minutes pour aller au spectacle de l'air. Lorsqu'ils sortent du bus, ils voient Bernard.
« Bonjour Bernard, dit Robert, Allons vers l'avion ».
Ils voient une équipe de parachutisme à côté de l'avion. Ils vont vers le chef de l'équipe. Le chef de l'équipe est habillé d'un pantalon rouge et d'une veste rouge.
« Bonjour Serge, dit Robert, André et Bernard vont aider pour l'astuce de sauvetage ».
« D'accord. Le parachutiste rembourré est ici », dit Serge. Il leur donne le parachutiste rembourré. Le parachutiste rembourré est habillé d'un pantalon rouge et d'une veste rouge.
« Il est habillé comme toi », dit Bernard en souriant à Serge.
« Nous n'avons pas le temps d'en parler, dit Serge, Prends-le dans cet avion ».
Bernard et André prennent le parachutiste rembourré dans l'avion. Ils s'asseyent près du pilote. Toute l'équipe des parachutistes, à part le chef, monte dans l'avion. Ils ferment la porte. En cinq minutes, l'avion est dans les airs. Quand il vole au-dessus de Bordeaux, Bernard voit sa propre maison.
« Regarde! Ma maison est là! » crie Bernard.
André regarde les rues, les squares, les parcs de la ville à travers la fenêtre. C'est merveilleux de voler en avion.
« Préparez-vous à sauter! » crie le pilote. Les parachutistes se lèvent. Ils ouvrent la porte.
« Dix, neuf, huit, sept, six, cinq, quatre, trois, deux,

Robert answers, "Bernard will come too. By the way we need help to push a stuffed parachutist out of the airplane. Will you help?"
"A stuffed parachutist? Why?" André says in surprise.
"You see, it is a part of the show," Robert says, "This is a life-saving trick. The stuffed parachutist falls down. At this time a real parachutist flies to it, catches it and opens his own parachute. The "man" is saved!"
"Great!" André answers, "I will help. Let's go!"
André and Robert go outside. They come to the bus stop Olympic and take a bus. It takes only ten minutes to go to the airshow. When they get off the bus, they see Bernard.
"Hello Bernard," Robert says. "Let's go to the airplane."
They see a parachute team at the airplane. They come to the head of the team. The head of the team is dressed in red trousers and a red jacket.
"Hello Serge." Robert says. "André and Bernard will help with the life-saving trick."
"Okay. The stuffed parachutist is here," Serge says. He gives them the stuffed parachutist. The stuffed parachutist is dressed in red trousers and a red jacket.
"It is dressed like you." Bernard says smiling to Serge.
"We have no time to talk about it," Serge says, "Take it into this airplane."
André and Bernard take the stuffed parachutist into the airplane. They take seats at the pilot. All the parachute team but its head gets into the airplane. They close the door. In five minutes the airplane is in the air. When it flies over Bordeaux Bernard sees his own house.
"Look! My house is there!" Bernard cries.
André looks through the window at streets, squares, and parks of the city. It is wonderful to fly in an airplane.
"Prepare to jump!" the pilot cries. The parachutists stand up. They open the door.
"Ten, nine, eight, seven, six, five, four, three, two, one. Go!" the pilot cries.

un. Partez! » crie le pilote.
Les parachutistes commencent à sauter en dehors de l'avion. Le public en bas sur terre voit des parachutes rouges, verts, blancs, bleus et jaunes. Ils ont l'air très beaux. Serge, le chef de l'équipe de parachutisme regarde aussi en l'air. Les parachutistes volent vers le bas et certains atterrissent déjà.
« D'accord. Bon travail, les gars », dit Serge en allant au café proche pour boire du café.
Le spectacle de l'air continue.
« Préparez-vous pour l'astuce de sauvetage! » crie le pilote.
Bernard et André ammène le parachutiste rembourré vers la porte.
« Dix, neuf, huit, sept, six, cinq, quatre, trois, deux, un. Partez! » crie le pilote.
Bernard et André poussent le parachutiste rembourré par la porte. Il tombe mais il reste accroché ensuite. Sa « main » en caoutchouc est coincé dans une partie en métal de l'avion.
« Allez-y, partez les gars! » crie le pilote.
Les garçons poussent très fortement sur le parachutiste rembourré mais n'arrivent pas à le sortir.
Le public en bas à terre voient un homme habillé de rouge à la porte de l'avion. Deux autres hommes essayent de le pousser dehors. Les gens n'en croient pas leurs yeux. Cela dure environ une minute. Puis le parachutiste rouge tombe. Un autre parachutiste saute en dehors de l'avion et essaye de l'attraper. Mais il n'y arrive pas. Le parachutiste en rouge tombe par terre. Il tombe à l'intérieur du café en traversant le toit. Le public regarde silencieusement. Puis les gens voient un homme habillé en rouge courant hors du café. L'homme en rouge est Serge, le chef de l'équipe de parachutisme. Mais le public pense que c'est le parachutiste qui est tombé. Il regarde en l'air et crie, avec colère: « Si vous ne pouvez pas attraper un homme, alors n'essayez pas! »
Le public est silencieux.
« Papa, cet homme est très fort », dit une petite fille à son père.
« Il est bien entraîné », répond le père.
Après le spectacle de l'air, Bernard et André vont vers Robert.

The parachutists begin to jump out of the airplane. The audience down on the land sees red, green, white, blue, yellow parachutes. It looks very nice. Serge, the head of the parachute team is looking up too. The parachutists are flying down and some are landing already.
"Okay. Good work guys," Serge says and goes to the nearby café to drink some coffee. The airshow goes on.
"Prepare for the life-saving trick!" the pilot cries.
Bernard and André take the stuffed parachutist to the door.
"Ten, nine, eight, seven, six, five, four, three, two, one. Go!" the pilot cries.
André and Bernard push the stuffed parachutist through the door. It goes out but then stops. Its rubber "hand" catches on some metal part of the airplane.
"Go-go boys!" the pilot cries.
The boys push the stuffed parachutist very strongly but cannot get it out.
The audience down on the land sees a man dressed in red in the airplane door. Two other men are trying to push him out. People cannot believe their eyes. It goes on about a minute. Then the parachutist in red falls down. Another parachutist jumps out of the airplane and tries to catch it. But he cannot do it. The parachutist in red falls down. It falls through the roof inside of the café. The audience looks silently. Then the people see a man dressed in red run outside of the café. This man in red is Serge, the head of the parachutist team. But the audience thinks that he is that falling parachutist. He looks up and cries angrily. "If you cannot catch a man then do not try it!"
The audience is silent.
"Daddy, this man is very strong." a little girl says to her dad.
"He is well trained," the dad answers.
After the airshow André and Bernard go to Robert.
"Well, how is our work?" Bernard asks.
"Ah... Oh, it is very good. Thank you," Robert answers.

« Alors, comment était notre travail? » demande Bernard.
« Ah... Oh, c'est très bien. Merci », répond Robert.
« Si tu as besoin d'aide, dis-le moi », dit André.

"If you need some help just say," André says.

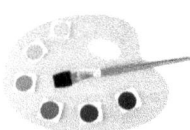

17

Éteins le gaz!
Turn the gas off!

A

Mots

1. allumer - to turn on; éteindre - to turn off
2. attentionné (M), attentionnée (F) - careful
3. avant de faire (quelque chose) - before doing smth
4. bouilloire, une - kettle
5. chaud (M), chaude (F) - warm
6. combiné téléphonique, un - phone handset
7. école maternelle, une - kindergarten
8. étrange - strange
9. feu, un - fire
10. gaz, le - gas
11. immédiatement - immediately
12. Je vais, tu vas, il/elle va, nous allons, vous allez, ils/elles vont...(+ inf)- will
13. j'oubliai/oubliais, tu oublias/oubliais, il/elle oublia/ oubliait, nous oubliâmes/oubliions, vous oubliâtes/oubliiez, ils oublièrent/oubliaient - forgot
14. kilomètre, un - kilometer
15. minou, un - pussycat
16. moment, un - moment
17. onze - eleven
18. ordonner - to order
19. pâle - pale
20. pas - not
21. pendant ce temps - meanwhile
22. pied, un - foot
23. placer verticalement - to put vertically; placer horizontalement - to put horizontally
24. poste, un - station
25. près d'ici - nearby
26. quarante-quatre - forty-four
27. qui, que, quel- who
28. rapide - quick; rapidement - quickly
29. réchauffer - to warm up
30. remplir - to fill up
31. répandre - to spread
32. robinet, un - tap

33. rusé - sly; avec ruse - slyly
34. se gla<u>c</u>er - to freeze
35. secrétaire, une - secretary
36. sensation, une - feeling
37. si, tellement - so
38. son<u>n</u>er - to ring, sonnerie, une - ring
39. soudaine<u>ment</u>, tout à coup - suddenly
40. station de chemin de fer, une - railway station
41. ticket, un - ticket
42. tout - everything
43. train, un - train
44. vingt - twenty
45. vivant (M), vivante (F); habitant (present participle) - living
46. voix, une - voice

Éteins le gaz!

Turn the gas off!

Il est sept heures du matin. Bernard et Anne dorment. Leur mère est dans la cuisine. La mère s'appelle Louise. Elle a quarante-quatre ans. C'est une femme attentionnée. Louise nettoie la cuisine avant d'aller travailler. Elle est secrétaire. Elle travaille à vingt kilomètres de Bordeaux. D'habitude, Louise va au travail en train.
Elle sort. La gare est à côté, donc Louise y va à pied. Elle achète un ticket et prend le train. Il lui faut environ vingt minutes pour aller au travail. Louise s'assoit dans le train and regarde par la fenêtre. Tout à coup, elle se glace. La bouilloire! Elle est sur la cuisinière et elle a oublié d'éteindre le gaz! Bernard et Anne dorment. Le feu pourrait se répandre sur les meubles et là... Louise devient pâle. Mais c'est une femme maligne et en une minute elle sait ce qu'elle doit faire. Elle demande à une femme et un homme, qui sont assis à côté, d'appeler chez elle et de parler à Bernard de la bouilloire.
Pendant ce temps, Bernard se lève, se lave et va à la cuisine. Il prend la bouilloire de la table, la remplit avec de l'eau et la met sur la cuisinière. Puis il prend du pain et du beurre et se fait des tartines. Anne entre dans la cuisine.
« Où est mon petit minou? » demande-t-elle.
« Je ne sais pas, répond Bernard, Va dans la salle de bain et lave-toi le visage. Maintenant, nous allons boire du thé et manger des tartines. Puis je t'amènerai à l'école maternelle ».
Anne ne veut pas se laver. « Je n'arrive pas à allumer

It is seven o'clock in the morning. Bernard and Anne are sleeping. Their mother is in the kitchen. The mother's name is Louise. Louise is forty-four years old. She is a careful woman. Louise cleans the kitchen before she goes to work. She is a secretary. She works twenty kilometers away from Bordeaux. Louise usually goes to work by train.
She goes outside. The railway station is nearby, so Louise goes there on foot. She buys a ticket and gets on a train. It takes about twenty minutes to go to work. Louise sits in the train and looks out of the window. Suddenly she freezes. The kettle! It is on the cooker and she forgot to turn the gas off! Bernard and Anne are sleeping. The fire can spread on the furniture and then... Louise turns pale. But she is a smart woman and in a minute she knows what to do. She asks a woman and a man, who sit nearby, to telephone her home and tell Bernard about the kettle.
Meanwhile Bernard gets up, washes and goes to the kitchen. He takes the kettle off the table, fills it up with water and puts it on the cooker. Then he takes bread and butter and makes sandwiches. Anne comes into the kitchen.
"Where is my little pussycat?" she asks.
"I do not know," Bernard answers, "Go to the bathroom and wash your face. We will drink some tea and eat some sandwiches

le robinet », dit-elle avec ruse.
« Je vais t'aider », dit son frère. À ce moment, le téléphone sonne. Anne court rapidement vers le téléphone et prend le combiné.
« Bonjour, ici le zoo. Et qui êtes-vous? » dit-elle. Bernard lui prend le combiné et dit: « Bonjour. Bernard à l'appareil ».
« Êtes-vous le Bernard Legrand habitant au onze rue Malbec? » lui demande une voix étrangère de femme.
« Oui », répond Bernard.
« Allez immédiatement dans la cuisine et éteignez le gaz! » crie la voix de la femme.
« Qui êtes-vous? Pourquoi dois-je éteindre le gaz? » dit Bernard, surpris.
« Faites-le maintenant! » ordonne la voix.
Bernard éteint le gaz. Anne et Bernard regardent la bouilloire, surpris.
« Je ne comprends pas, dit Bernard, Comment cette femme peut-elle savoir que nous allons boire du thé? »
« Quand allons-nous manger? » demande sa sœur, « J'ai faim ».
« J'ai faim aussi », dit Bernard en allumant de gaz à nouveau. À cette minute, le téléphone sonne à nouveau.
« Allo », dit Bernard.
« Êtes-vous le Bernard Legrand habitant au onze rue Malbec? » lui demande la voix étrangère d'un homme.
« Oui », répond Bernard.
« Éteignez la cuisinière à gaz immédiatement! Faites attention! » ordonne la voix.
« Ok », dit Bernard en éteignant le gaz à nouveau.
« Allons à l'école maternelle », dit Bernard à Anne, avec la sensation qu'ils ne boiront pas de thé aujourd'hui.
« Non. Je veux du thé avec du pain et du beurre », dit Anne avec colère.
« Bon, essayons de réchauffer à nouveau la bouilloire », dit son frère en allumant le gaz.
Le téléphone sonne et cette fois, la mère ordonne d'éteindre le gaz. Ensuite, elle explique tout. Enfin, Anne et Bernard boivent le thé et vont à l'école maternelle.

now. Then I will take you to the kindergarten."
Anne does not want to wash. "I cannot turn on the water tap," she says slyly.
"I will help you," her brother says. At this moment the telephone rings. Anne runs quickly to the telephone and takes the handset.
"Hello, this is the zoo. And who are you?" she says. Bernard takes the handset from her and says, "Hello. This is Bernard."
"Are you Bernard Legrand living at eleven Rue Malbec?" the voice of a strange woman asks.
"Yes," Bernard answers.
"Go to the kitchen immediately and turn the gas off!" the woman's voice cries.
"Who are you? Why must I turn the gas off?" Bernard says in surprise.
"Do it now!" the voice orders.
Bernard turns the gas off. Anne and Bernard look at the kettle in surprise.
"I do not understand," Bernard says, "How can this woman know that we will drink tea?"
"When will we eat?" his sister asks, "I am hungry."
"I am hungry too," Bernard says and turns the gas on again. At this minute the telephone rings again.
"Hello," Bernard says.
"Are you Bernard Legrand who lives at eleven Rue Malbec?" the voice of a strange man asks.
"Yes," Bernard answers.
"Turn off the cooker gas immediately! Be careful!" the voice orders.
"Okay," Bernard says and turns the gas off again.
"Let's go to the kindergarten," Bernard says to Anne feeling that they will not drink tea today.
"No. I want some tea and bread with butter," Anne says angrily.
"Well, let's try to warm up the kettle again," her brother says and turns the gas on.
The telephone rings and this time their mother orders to turn the gas off. Then she

explains everything. At last Anne and Bernard drink tea and go to the kindergarten.

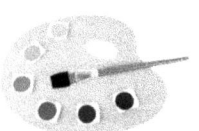

18

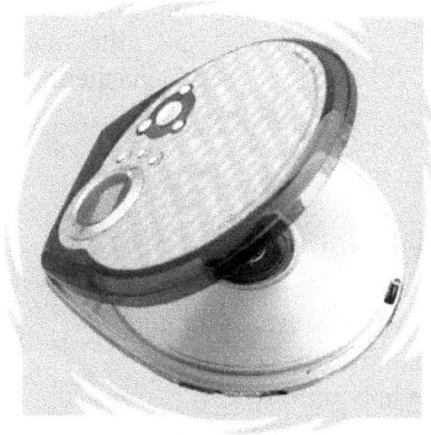

Une agence d'emploi
A job agency

A

Mots

1. accept<u>er</u> - to agree
2. aide, une - helper
3. allong<u>er</u>, <u>s'</u>allong<u>er</u> (on a bed) - to lie
4. alors que, depuis - as, since
5. attentive<u>ment</u>, soigneuse<u>ment</u> - carefully
6. aussi, également - also, too, as well
7. aux cheveux gris - gray-headed
8. bras, un - arm
9. câble, un - cable
10. comme - as, like; Comme moi. - Like me.
11. confus (M), confus<u>e</u> (F) - confused
12. consultant, un - consultant
13. consult<u>er</u> - to consult
14. cool, super, génial - cool, great
15. cou<u>r</u>ant électrique, le / du - electric current
16. cou<u>rant</u>, en cou<u>rant</u> - running
17. d'accord / entendu - agree (adj)
18. édition, une - publishing
19. électrique - electric
20. en même temps - at the same time
21. expérience, une / de l' - experience
22. fort (M), fort<u>e</u> (F) - strong; forte<u>ment</u>- strongly
23. histoire, une - story
24. individuell<u>ement</u> - individually
25. je fus/j'étai<u>s</u>, tu fus/tu étai<u>s</u>, il fut/ il étai<u>t</u>, nous fûmes/nous ét<u>ions</u>, vous fûtes/ vous ét<u>iez</u>, ils furent/ils étai<u>ent</u> - was
26. laiss<u>er</u> - to let
27. le même (M), <u>la</u> même (F), <u>les</u> même<u>s</u> (PL) - the same
28. l'heure, de l'heure - per hour
29. l'un l'autre- each other
30. matelas, un - mattress
31. mental (M), mental<u>e</u> (F), ment<u>aux</u>, mental<u>es</u> (PL) - mental
32. moitié - half
33. mortel (M), mortelle (F) - deadly
34. nettoyant, en - cleaning
35. numéro, un - number

36. poste, un - position
37. pren<u>dre</u> position - to take one's stand
38. quinze - fifteen
39. recommander - to recommend
40. reti<u>rer</u> - take off
41. seco<u>uer</u>, trembl<u>er</u> - to shake
42. sérieusement - seriously
43. s'inquié<u>ter</u> - to worry
44. soixante - sixty
45. sol, par terre - floor
46. sûr (M), sûre (F), volontiers! - sure
47. tout autour - all-round
48. travail d'écriture, un - writing work
49. travail manuel, un - manual work
50. ville, une - town
51. visiteur, un - visitor

 **B**

Une agence d'emploi

A job agency

Un jour, André va dans la chambre de Robert et voit que son ami est allongé et tremblant. André voit des câbles électriques courant de Robert vers la bouilloire électrique. André pense que Robert à reçu un courant électrique mortel. Il va rapidement vers le lit, prend le matelas et le tire fortement. Robert tombe par terre. Puis il se lève et regarde André, surpris.
« Qu'est ce que c'était? » demande Robert.
« Tu étais sous l'effet du courant électrique », dit André.
« Non, j'écoute de la musique », dit Robert en montrant son lecteur CD.
« Oh, je suis désolé », dit André. Il est confus.
« Ça va. Ne t'inquiète pas », répon calmement Robert en nettoyant son pantalon.
« Bernard et moi allons à une agence d'emploi. Veux-tu venir avec nous? » demande André.
« Volontiers. Allons-y ensemble », dit Robert.
Ils sortent et prennent le bus numéro sept. Il leur faut environ quinze minutes pour aller à l'agence d'emploi. Bernard est déjà là-bas. Ils entrent dans le bâtiment. Il y a une longue queue au bureau de l'agence d'emploi. Ils sont debout dans la queue. En une demi-heure ils vont au bureau. Il y a une table et des étagèresde livres dans la pièce. Un homme aux cheveux gris est assis à la table. Il a environ soixante ans.
« Entrez, les gars! dit-il amicalement, Asseyez-vous, s'il vous plaît ».
Bernard, Robert et André s'assoient.
« Je m'appelle Nicolas Duval. Je suis consultant pour l'emploi. D'habitude, je parle avec les visiteurs individuellement. Mais comme vous êtes tous étudiants

One day André goes to Robert's room and sees that his friend is lying on the bed and shaking. André sees some electrical cables running from Robert to the electric kettle. André believes that Robert is under a deadly electric current. He quickly goes to the bed, takes the mattress and pulls it strongly. Robert falls to the floor. Then he stands up and looks at André in surprise.
"What was it?" Robert asks.
"You were on electrical current." André says.
"No, I am listening to the music." Robert says and shows his CD player.
"Oh, I am sorry." André says. He is confused.
"It's okay. Do not worry." Robert answers quietly cleaning his trousers.
"Bernard and I go to a job agency. Do you want to go with us?" André asks.
"Sure. Let's go together." Robert says.
They go outside and take the bus number seven. It takes them about fifteen minutes to go to the job agency. Bernard is already there. They come into the building. There is a long queue to the office of the job agency. They stand in the queue. In half an hour they come into the office. There is a table and some bookcases in the room. A gray-headed man is sitting at the table. He is about sixty years old.
"Come in guys!" he says friendly, "Take seats, please."
Bernard, Robert and André sit down.

et que vous vous connaissez les uns les autres, je peux vous prendre en consultation tous ensembles. Êtes-vous d'accord? »

« Oui, dit Bernard, Nous avons trois ou quatre heures de temps libre tous les jours. Nous devons trouver du travail pendant ces moments-là ».

« Bien. J'ai des emplois pour les étudiants. Et toi, retire ton lecteur CD », dit Mr Duval à Robert.

« Je peux vous écouter en même temps que la musique », dit Robert.

« Si tu veux sérieusement trouvez un travail, retire ce lecteur et écoute attentivement ce que je vais dire, dit Mr Duval, Maintenant les gars, de quel type de travail avez-vous besoin? Avez-vous besoin d'un travail intellectuel ou manuel? »

« Je peux faire n'importe quel travail, dit André, Je suis fort. Voulez-vous faire une partie de bras de fer? » dit-il en mettant son bras sur la table de Mr Duval.

« Ici, ce n'est pas un club de sport mais si tu insistes..., dit Mr Duval. Il met son bras sur la table et pousse rapidement le bras d'André en bas, Comme tu le vois tu ne dois pas seulement être fort mais aussi être intelligent ».

« Je peux aussi faire un travaille intellectuel », dit encore André. Il veut vraiment avoir un travail. « Je sais écrire des histoires. Je connais des histoires sur ma ville natale ».

« C'est très intéressant », dit Mr Duval. Il prend un morceau de papier. « La maison d'édition ‹ Tout-autour › a besoin d'une jeune aide pour un poste d'écriture. Ils payent neuf euros de l'heure ».

« Cool! dit André, Puis-je essayer? »

« Bien sûr. Voici leur numéro de téléphone et leur adresse », dit Mr Duval en donnant le morceau de papier à André.

« Et vous les gars, vous pouvez choisir un travail dans une ferme, une entreprise informatique, un journal ou un supermarché. Comme vous n'avez pas beaucoup d'expérience, je vous recommande de commencer à travailler dans une ferme. Ils ont besoin de deux travailleurs », dit Mr Duval à Bernard et Robert.

« Combien payent-ils? » demande Bernard.

« Laissez-moi voir… ». Mr Duval regarde dans son ordinateur. « Ils ont besoin de travailleurs trois ou quatre

"My name is Nicolas Duval. I am a job consultant. Usually I speak with visitors individually. But as you are all students and know each other I can consult you all together. Do you agree?"

"Yes," Bernard says, "We have three or four hours of free time every day. We need to find jobs for that time."

"Well. I have some jobs for students. And you take off your player." Mr. Duval says to Robert.

"I can listen to you and to music at the same time." Robert says.

"If you seriously want to get a job take the player off and listen carefully to what I say," Mr. Duval says, "Now guys say what kind of job do you need? Do you need mental or manual work?"

"I can do any work," André says, "I am strong. Want to arm wrestle?" he says and puts his arm on Mr. Duval's table.

"It is not a sport club here but if you want..." Mr. Duval says. He puts his arm on the table and quickly pushes down André's arm, "As you see son, you must be not only strong but also smart."

"I can work mentally too," André says again. He wants to get a job very much. "I can write stories. I have some stories about my native town."

"This is very interesting," Mr. Duval says. He takes a sheet of paper. "The publishing house "All-round" needs a young helper for a writing position. They pay fifteen euro per hour."

"Cool!" André says, "Can I try?"

"Sure. Here is their telephone number and their address," Mr. Duval says and gives a sheet of paper to André.

"And you guys can choose a job on a farm, in a computer firm, on a newspaper or in a supermarket. As you do not have any experience I recommend you to begin to work in a farm. They need two workers." Mr. Duval says to Bernard and Robert.

"How much do they pay?" Bernard asks.

"Let me see..." Mr. Duval looks into the computer, "They need workers for three or

heures par jour et ils paient sept euros de l'heure. Le samedi et le dimanche sont des jours de congé. Acceptez-vous? » demande-t-il.
« J'accepte », dit Bernard.
« J'accepte aussi », dit Robert.
« Bien. Prenez le numéro de téléphone et l'adresse de la ferme », dit Mr Duval en leur donnant un morceau de papier.
« Merci », disent les garçons en sortant dehors.

four hours a day and they pay twelve euro per hour. Saturdays and Sundays are days off. Do you agree?" he asks.
"I agree," Bernard says.
"I agree too," Robert says.
"Well. Take the telephone number and the address of the farm." Mr. Duval says and gives a sheet of paper to them.
"Thank you," the boys say as they leave.

19

Bernard et Robert nettoient le camion (partie 1)
Bernard and Robert wash the truck (part 1)

A

Mots

1. à côté de, près d'ici - close, nearby
2. approprié(e), correct(e), qui convient - suitable
3. appuyant le pied sur - stepping
4. arriver - to arrive
5. assez - quite
6. attendre - to wait
7. au début, d'abord - at first
8. aucun, pas de - not any, no
9. bateau, un - ship
10. beaucoup, beaucoup de - a lot, much, many
11. bord de mer, le - seashore
12. champ, un - field
13. chercher - to look for
14. cinquième - fifth
15. commencer, démarrer - to start
16. cour, une - yard
17. décharger - to unload
18. démarrer (une machine/un moteur) - start a machine/engine
19. devant, avant - front
20. dixième - tenth
21. doucement - slowly
22. flotter, nager - to float, to swim
23. force, la/de la- strength
24. frein, un- brake, freiner - to brake
25. graine, une - seed
26. huitième - eighth
27. la plupart de - most (part) of
28. lavant, nettoyant - washing, laver, nettoyer - to wash
29. laver - to wash
30. le long de - along
31. loin, loin de, - far; plus loin - further
32. machine, une - machine

33. mer, la - sea
34. mètre, un - meter
35. moteur, un - engine
36. nettoyage, un - cleaning
37. neuvième - ninth
38. permis de conduire, le - driving license
39. plus près - closer
40. porter - to carry in hands; transporter - to carry by transport
41. propriétaire, un/une - owner
42. quatrième - fourth
43. roue, une - wheel
44. route, une; rue, une; passage, un - road, street, way
45. se jetant - pitching
46. second, deuxième - second
47. septième - seventh
48. sixième - sixth
49. soulever - to lift
50. troisième - third
51. trop (superlative) - too
52. trop grand (M), trop grande (F) - too big
53. un (petit) peu - a (little) bit
54. utiliser - to use
55. vague, une - wave
56. vérifier - to check

Bernard et Robert nettoient le camion (partie 1)

Maintenant, Bernard et Robert travaillent à la ferme. Ils travaillent trois ou quatre heures tous les jours. Le travail est assez difficile. Ils doivent beaucoup travailler chaque jour. Ils nettoient la cour de la ferme tous les deux jours. Ils nettoient les machines de la ferme tous les trois jours. Tous les quatres jours, ils travaillent dans les champs. Leur employeur s'appelle Michel Lucas. M. Lucas est le propriétaire de la ferme et il fait la plupart du travail. Mr Lucas travaille très dur. Il donne aussi beaucoup de travail à Bernard et Robert.
« Hé les gars, terminez de nettoyer les machines, prenez le camion et allez à l'entreprise de transport Rapid, dit M. Lucas, Ils ont un chargement pour moi. Chargez les boîtes avec les graines dans le camion, amenez-les à la ferme et déchargez-les dans la cour de la ferme. Faites-le rapidement car j'ai besoin des graines aujourd'hui. Et n'oubliez pas de nettoyer le camion ».
« D'accord », dit Bernard. Ils terminent le nettoyage et vont dans le camion. Bernard a son permis de conduire alors il conduit le camion. Il démarre le moteur et conduit d'abord doucement dans la cour de la ferme, puis rapidement le long de la route. L'entreprise de

Bernard and Robert wash the truck (part 1)

Bernard and Robert are working on a farm now. They work three or four hours every day. The work is quite hard. They must do a lot of work every day. They clean the farm yard every second day. They wash the farm machines every third day. Every fourth day they work in the farm fields. Their employer's name is Michel Lucas. Mr. Lucas is the owner of the farm and he does most of the work. Mr. Lucas works very hard. He also gives a lot of work to Bernard and Robert.
"Hey boys, finish cleaning the machines, take the truck and go to the transport firm Rapid." Mr. Lucas says, "They have a load for me. Load boxes with the seed in the truck, bring them to the farm, and unload in the farm yard. Do it quickly because I need to use the seed today. And do not forget to wash the truck".
"Okay," Bernard says. They finish cleaning and get into the truck. Bernard has a driving license so he drives the truck. He starts the engine and drives at first slowly through the farm yard, then quickly along the road. The transport firm Rapid is not far from the

transport Rapid n'est pas loin de la ferme. Ils y arrivent en quinze minutes. Là, ils cherchent la porte de chargement numéro dix. Bernard conduit attentivement le camion à travers la cour de chargement. Ils passent devant la première porte de chargement, devant la seconde porte de chargement, devant la troisième, devant la quatrième, devant la cinquième, devant la sixième, devant la septième, devant la huitième, puis devant la neuvième porte de chargement. Bernard conduit jusqu'à la dixième porte de chargement et s'arrête.

« Nous devons vérifier liste de chargement en premier », dit Robert, qui a déjà de l'expérience avec les listes de chargement dans cette entreprise de transport. Il va vers le chargeur qui travaille à la porte et lui donne la liste de chargement. Le chargeur charge rapidement cinq boîtes dans leur camion. Robert vérifie soigneusement les boîtes. Toutes les boîtes portent un numéro de la liste.

« Les numéros correspondent. Maintenant, nous pouvons y aller », dit Robert.

« D'accord, dit Bernard en démarrant le moteur, Je pense que nous pouvons nettoyer le camion maintenant. Il y a une place appropriée pas très loin d'ici ».

En cinq minutes ils arrivent en bord de mer.

« Tu veux nettoyer le camion ici? » demande Robert, surpris.

« Ouais! La place est agréable, n'est ce pas? » dit Bernard.

« Et où va-t-on trouver un seau? » demande Robert.

« Nous n'avons pas besoin d'un seau. Je vais conduire tout près de la mer. Nous allons prendre de l'eau de mer », dit Bernard en conduisant tout près de la mer. Les roues de devant vont dans l'eau et les vagues vont par-dessus.

« Sortons et commençons à nettoyer », dit Robert.

« Attends une minute. Je vais conduire un peu plus près, dit Bernard en conduisant un ou deux mètres plus loin, C'est mieux maintenant ».

Puis une grande vague vient et l'eau soulève un peu le camion et, doucement, le transporte plus loin dans la mer.

« Stop! Bernard, arrête le camion! » crie Robert,

farm. They arrive there in fifteen minutes. They look for the loading door number ten there. Bernard drives the truck carefully through the loading yard. They go past the first loading door, past the second loading door, past the third, past the fourth, past the fifth, past the sixth, past the seventh, past the eighth, then past the ninth loading door. Bernard drives to the tenth loading door and stops.

"We must check the loading list first," Robert says, who already has some experience with loading lists at this transport firm. He goes to the loader who works at the door and gives him the loading list. The loader loads quickly five boxes into their truck. Robert checks the boxes carefully. All numbers on the boxes have numbers from the loading list.

"Numbers are correct. We can go now," Robert says.

"Okay," Bernard says and starts the engine. "I think we can wash the truck now. There is a suitable place not far from here".

In five minutes they arrive to the seashore.

"Do you want to wash the truck here?" Robert asks in surprise.

"Yeah! It is a nice place, isn't it?" Bernard says.

"And where will we take a pail?" Robert asks.

"We do not need any pail. I will drive very close to the sea. We will take the water from the sea." Bernard says and drives very close to the water. The front wheels go in the water and the waves run over them.

"Let's get out and begin washing," Robert says.

"Wait a minute. I will drive a bit closer," Bernard says and drives one or two meters further, "It is better now."

Then a big wave comes and the water lifts the truck a little and carries it slowly further into the sea.

"Stop! Bernard, stop the truck!" Robert cries, "We are in the water already! Please, stop!"

"It will not stop!!" Bernard cries stepping on

« Nous sommes déjà dans l'eau! S'il te plaît, arrête! »
« Ça ne s'arrête pas!! Bernard crie, appuyant le pied sur le frein de toutes ses forces, Je ne peux pas l'arrêter!! »
Doucement, le camion flotte plus loin dans la mer, se jetant dans les vagues comme un petit bateau.

(à suivre)

the brake with all his strength. "I cannot stop it!!"
The truck is slowly floating further in the sea pitching on the waves like a little ship.

(to be continued)

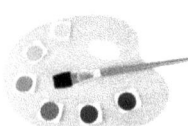

20

Bernard et Robert nettoient le camion (partie 2)
Bernard and Robert wash the truck (part 2)

A
Mots

1. à l'instant - just now
2. accident, un - accident
3. argent, de l'- money
4. avaler - to swallow
5. baleine, une - whale; orque, un - killer whale
6. cérémonie, une - ceremony
7. cher (M), chère (F) - dear
8. constant (M), constante (F) - constant
9. contrôle, un; test, un - control
10. demain - tomorrow
11. discours, un - speech
12. exemple, un - example; par exemple - for example
13. il y a (+ time) - ago; il y a un an - a year ago
14. informer - to inform
15. jamais - never
16. je fus/j'étais, tu fus/étais, il/elle fut/était, nous fûmes/étions, vous fûtes/étiez, ils/elles furent/étaient - were
17. Je me demande - I wonder
18. je voulus/voulais, tu voulus/voulais, il/elle voulut/voulait, nous voulûmes/voulions, vous voulûtes/vouliez, ils/elles voulurent/voulaient - wanted
19. journaliste, un / une - journalist
20. libérer - to set free
21. merveilleux (M), merveilleuse (F) - wonderful
22. mettre le cap - to steer
23. nager, flotter - to swim, to float; nageant, flottant - swimming, floating
24. nettoyé (M), nettoyée (F) - cleaned
25. nourrir - to feed
26. oiseau, un; oiseaux, des - bird
27. pétrole, du - oil
28. photographe, un/une - photographer
29. photographier/ prendre en photo - to photograph; photographie, une - a photograph

30. pour, pendant - for
31. qui, que, quel - which
32. réhabiliter - to rehabilitate; réhabilitation, une - rehabilitation
33. rire - to laugh
34. rivage, le; bord, le - shore
35. sauver, secourir - to rescue
36. se noyer, plonger - to sink, to dive
37. se produire - to happen; s'est produit (M), s'est produite (F) - happened
38. services de secours, les - rescue service
39. situation, une - situation
40. tanker, un - tanker
41. vent, le - wind
42. vers la / à droite - to/on the right
43. vers la gauche / à gauche - to/on the left
44. vingt-cinq - twenty-five
45. virer (work) - to fire

B

Bernard et Robert nettoient le camion (partie 2)

Bernard and Robert wash the truck (part 2)

Doucement, le camion flotte plus loin dans la mer, se jetant dans les vagues comme un petit bateau. Bernard met le cap vers la gauche et la droite, mettant le pied sur le frein et l'accélérateur. Mais il n'arrive pas à contrôler le camion. Un vent fort le pousse le long de la côte. Bernard et Robert ne savent pas quoi faire. Ils sont juste là, assis et regardent par la fenêtre. L'eau commence à rentrer à l'intérieur.
« Allons nous asseoir sur le toit », dit Robert.
Ils s'asseyent sur le toit.
« Je me demande ce que M. Lucas va dire? » dit Robert.
Le camion flotte doucement à environ vingt mètres du rivage. Des gens sur le rivage s'arrêtent et le regardent, surpris.
« M. Lucas pourrait nous virer », répond Bernard.

Pendant ce temps, le directeur de l'université M. Marchand entre dans son bureau. La secrétaire lui dit qu'une cérémonie va avoir lieu aujourd'hui. Ils vont libérer deux oiseaux après leur rétablissement. Les travailleurs du centre de réhabilitation ont nettoyé le pétrole sur eux après l'accident avec un tanker, le Grand Pollutexxon. L'accident s'est produit il y a un mois. C'est ici que M. Marchand doit faire un discours. La cérémonie va commencer dans vingt-cinq minutes. M. Marchand et sa secrétaire prennent un taxi et en dix minutes ils arrivent sur les lieux de la cérémonie. Ces

The truck is slowly floating further in the sea pitching on the waves like a little ship. Bernard is steering to the left and to the right stepping on the brake and gas. But he cannot control the truck. A strong wind is pushing it along the seashore. Bernard and Robert do not know what to do. They are just sitting and looking out of the windows. The sea water begins to run inside.
"Let's go out and sit on the roof." Robert says.
They sit on the roof.
"What will Mr. Lucas say, I wonder?" Robert says.
The truck is floating slowly about twenty meters away from the shore. Some people on the shore stop and look at it in surprise.
"Mr. Lucas may fire us." Bernard answers.

Meanwhile the head of the university Mr. Marchand comes to his office. The secretary says to him that there will be a ceremony today. They will set free two sea birds after rehabilitation. Workers of the rehabilitation centre cleaned oil off them after the accident with the tanker Big Pollutexxon. The accident happened one month ago. Mr. Marchand must make a speech there. The ceremony begins in twenty-five minutes. Mr. Marchand and his secretary take a taxi and in ten minutes arrive to the place of the

deux oiseaux y sont déjà. Ils ne sont pas aussi blancs que d'habitude. Mais maintenant, ils peuvent à nouveau nager et voler. Il y a beaucoup de gens, de journalistes, de photographes maintenant. Deux minutes plus tard la cérémonie commence. M. Marchand commence son discours.

« Chers amis! dit-il, L'accident avec le tanker Grand Pollutexxon s'est produit à cet endroit, il y a un mois. Maintenant, nous devons soigner beaucoup d'oiseaux et d'animaux. Cela coûte très cher. Par exemple, la guérison de chacun de ces oiseaux coûte 5000 euros! Je suis enchanté de vous informer que maintenant, après un mois de soins, ces deux merveilleux oiseaux vont être libérés ».

Deux hommes prennent une boîte qui contient les oiseaux, l'amènent à l'eau et l'ouvrent. Les oiseaux sortent de la boîte puis sautent dans l'eau et nagent. Les photographes prennent des photographies. Les journalistes posent des question sur les animaux aux travailleurs du centre de réhabilitation.

Tout à coup, une grande baleine orque sort, avale rapidement ces deux oiseaux et redescent. Tous les gens regardent le lieu où les oiseaux se trouvaient avant. Le directeur de l'université n'en croit pas ses yeux. La baleine orque remonte, cherchant d'autres oiseaux. Comme il n'y a pas d'autres oiseaux ici, elle redescend. M. Marchand doit finir son discours maintenant.

« Ah…, il choisit les mots appropriés, Le merveilleux cours de la vie ne s'arrête jamais. Les animaux les plus grands mangent les plus petits, etc. ah... qu'est ce que c'est que ça? » dit-il, en regardant l'eau. Tous les gens regardent là-bas et voient un grand camion flottant le long du rivage, se jetant sur les vagues comme un bateau. Deux jeunes garçons sont assis dessus, regardant la place de la cérémonie.

« Bonjour M. Marchand, dit Robert, Pourquoi nourrissez-vous des baleines orques avec des oiseaux? »

« Bonjour Robert, répond M. Marchand, Que faites-vous ici les garçons? »

« Nous voulions nettoyer le camion », répond Bernard.

« Je vois », dit M. Marchand. Certaines personnes commencent à apprécier la situation. Ils se mettent à

ceremony. These two birds are already there. Now they are not so white as usually. But they can swim and fly again now. There are many people, journalists, photographers there now. In two minutes the ceremony begins. Mr. Marchand begins his speech.

"Dear friends!" he says. "The accident with the tanker Big Pollutexxon happened at this place a month ago. We must rehabilitate many birds and animals now. It costs a lot of money. For example the rehabilitation of each of these birds costs 5,000 euro! And I am glad to inform you now that after one month of rehabilitation these two wonderful birds will be set free."

Two men take a box with the birds, bring it to the water and open it. The birds go out of the box and then jump in the water and swim. The photographers take pictures. The journalists ask workers of the rehabilitation centre about the animals.

Suddenly a big killer whale comes up, quickly swallows those two birds and goes down again. All the people look at the place where the birds were before. The head of the university does not believe his eyes. The killer whale comes up again looking for more birds. As there are no other birds there, it goes down again. Mr. Marchand must finish his speech now.

"Ah....," he chooses suitable words, "The wonderful constant flow of life never stops. Bigger animals eat smaller animals and so on... ah... what is that?" he says looking at the water. All the people look there and see a big truck floating along the shore pitching on the waves like a ship. Two guys sit on it looking at the place of the ceremony.

"Hello Mr. Marchand," Robert says, "Why are you feeding killer whales with birds?"

"Hello Robert," Mr. Marchand answers, "What are you doing there boys?"

"We wanted to wash the truck," Bernard answers.

"I see," Mr. Marchand says. Some of the people begin to enjoy this situation. They begin to laugh.

"Well, I will call the rescue service now.

rire.

« Bon, je vais appeler le service de secours maintenant. Ils vont vous sortir de l'eau. Et je veux vous voir demain dans mon bureau », dit le directeur de l'université, appelant les services de secours.

They will get you out of the water. And I want to see you in my office tomorrow," the head of the university says and calls the rescue service.

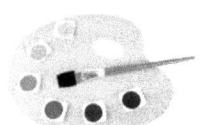

21

Une leçon
A lesson

A

Mots

1. (inf V) + -ais, -ais, -ait, -ions, -iez, -aient - would (conditional); Je nagerais si je le pouvais. - I would swim if I could.
2. attention - attention
3. autre - else
4. bonheur, le - happiness
5. caillou, un; cailloux (PL) - stone
6. ce truc - this stuff
7. classe, une - class
8. dépenser - to spend
9. enfants, les - children
10. entre - between
11. important (M), importante (F) - important
12. légèrement - slightly
13. médical (M); médicale (F), médicales/médicaux (PL) - medical
14. moins que, moins de - less
15. nettoyer/faire avec soin - to clean, to make neatly
16. n'importe quoi, quelque chose - anything, something
17. parent, un - parent
18. perdre - to loose
19. petit (M), petite (F) - small
20. petit ami, un; copain, un - boyfriend
21. petite amie, une / copine, une - girlfriend
22. pot, un - jar
23. prendre du/son temps - take time
24. prendre soin de - to care
25. réellement, vraiment - really
26. rester - to remain

27. sable, le - sand
28. sans - without
29. santé, la - health
30. seulement, juste - only, just
31. télévision, une - television
32. test, un; contrôle, un - test
33. toujours, encore - still
34. truc, un; chose, une - thing
35. un moyen - a way (to do smth)
36. vers<u>er</u> - to pour
37. vide - empty

 **B**

Une leçon

Le directeur de l'université est debout devant la classe. Devant lui sur la table, il y a des boîtes et d'autres choses. Quand la leçon commence, il prend un grand pot vide et sans un mot le remplit de gros cailloux.
« Pensez-vous que le pot est déjà plein? » demande M. Marchand aux étudiants.
« Oui, il l'est », s'accordent les étudiants.
Puis il prend une boîte avec de très petits cailloux et les verse dans le pot. Il remue légèrement le pot. Les petits cailloux, bien sûr, remplissent l'espace libre entre les gros cailloux.
« Qu'en pensez-vous maintenant? Le pot est déjà plein, n'est ce pas? » M. Marchand leur demande à nouveau.
« Oui, il l'est. Il est plein maintenant », s'accordent les étudiants. Ils commencent à apprécier cette leçon. Ils se mettent à rire.
Puis M. Marchand prend une boîte de sable et la verse dans le pot. Bien sûr, le sable remplit tout l'espace libre restant.
« Maintenant, je veux que vous pensiez que ce pot est comme la vie de l'homme. Les gros cailloux sont les choses importantes - votre famille, votre petite amie ou votre petit ami, votre santé, vos enfants, vos parents - des choses qui rempliront toujours votre vie même si vous perdiez tout et qu'il ne vous restait plus qu'elles. Les petits cailloux représentent d'autres choses, moins importantes. Ce sont des choses comme votre maison, votre travail, votre voiture. Le sable représente tout le reste - les petites choses. Si vous mettez d'abord du sable dans le pot, il n'y aura pas de place pour les petits ou les gros cailloux. C'est la même chose dans la vie. Si vous dépensez tout votre temps et votre énergie sur les petites choses, vous n'aurez jamais assez d'espace pour les

A lesson

The head of the university is standing before the class. There are some boxes and other things on the table before him. When the lesson begins he takes a big empty jar and without a word fills it up with big stones.
"Do you think the jar is already full?" Mr. Marchand asks students.
"Yes, it is," agree students.
Then he takes a box with very small stones and pours them into the jar. He shakes the jar slightly. The little stones, of course, fill up the room between the big stones.
"What do you think now? The jar is already full, isn't it?" Mr. Marchand asks them again.
"Yes, it is. It is full now," the students agree again. They begin to enjoy this lesson. They begin to laugh.
Then Mr. Marchand takes a box of sand and pours it into the jar. Of course, the sand fills up all the other room.
"Now I want that you think about this jar like a man's life. The big stones are important things - your family, your girlfriend and boyfriend, your health, your children, your parents - things that if you loose everything and only they remain, your life still will be full. Little stones are other things which are less important. They are things like your house, your job, your car. Sand is everything else - small stuff. If you put sand in the jar at first, there will be no room for little or big stones. The same goes for life. If you spend all of your time and energy on the

choses qui sont importantes pour vous. Prêtez attention aux choses les plus importantes pour votre bonheur. Jouez avec vos enfants ou vos parents. Prenez le temps de faire des tests médicaux. Amenez votre petite amie ou votre petit ami au café. Il y aura toujours du temps pour aller au travail, nettoyer la maison et regarder la télévision », dit M. Marchand. « Prenez d'abord soin des gros cailloux - les choses qui sont réellement importantes. Tout le reste n'est que du sable », il regarde les étudiants. « Maintenant, Bernard et Robert, quel est le plus important pour vous - nettoyer le camion ou prendre soin de vos vies? Vous flottez sur un camion dans une mer pleine de baleines orques comme sur un bateau juste parce que vous vouliez nettoyer le camion. Pensez-vous qu'il n'y a pas d'autre moyen de le nettoyer? »

« Non, nous ne pensons pas », dit Bernard.

« Vous pouvez laver un camion dans une station de nettoyage, n'est ce pas? » dit M. Marchand.

« Oui, nous le pouvons », disent les étudiants.

« Vous devez toujours réfléchir avant de faire quelque chose. Vous devez toujours prendre soin des gros cailloux, n'est ce pas? »

« Oui, nous le devons », répondent les étudiants.

small stuff, you will never have room for things that are important to you. Pay attention to things that are most important to your happiness. Play with your children or parents. Take time to get medical tests. Take your girlfriend or boyfriend to a café. There will be always time to go to work, clean the house and watch television." Mr. Marchand says, "Take care of the big stones first - things that are really important. Everything else is just sand," he looks at the students. "Now Robert and Bernard, what is more important to you - washing a truck or your lives? You float on a truck in the sea full of killer whales like on a ship just because you wanted to wash the truck. Do you think there is no other way to wash it?"

"No, we do not think so," Bernard says.

"You can wash a truck in a washing station, can't you?" says Mr. Marchand.

"Yes, we can." say the students.

"You must always think before you do something. You must always take care of the big stones, right?"

"Yes, we must," answer the students.

22

André travaille dans une maison d'édition
André works at a publishing house

A

Mots

1. alors que, depuis - since, as
2. appel<u>er</u>, téléphon<u>er</u> - to call, to phone
3. au lieu du/de la/ des - instead of
4. au moins - at least
5. avo<u>ir</u>, recevo<u>ir</u>, obten<u>ir</u> - to receive, to get
6. bip, un; signal, un- beep, signal
7. client, un; cliente, une - customer
8. compétence, une - skill
9. convenir à… - to be suitable for…
10. coordination, une - co-ordination
11. créatif (M), créative (F) - creative
12. cré<u>er</u> - to compose; création, une - composition
13. devant (in front of); avant (time) - in front, before
14. développ<u>er</u> - to develop
15. différent (M), différent<u>e</u> (F) - different
16. difficile - difficult
17. drôle - funny
18. en march<u>ant</u>; marche, une - walking
19. en plein air - outdoors
20. enregistr<u>er</u> - to record; machine à enregistrer les pensées, une - thought-recording
21. escaliers, des - stairs
22. etc... - and so on, etc.
23. froid (M), froid<u>e</u> (F) - cold (adj); froideur, la - coldness

24. futur, le; futur/ future (adj) - future
25. histoire, une - story
26. humain, un (M), humaine, une (F) - human (adj)
27. jeu, un; jeux, des (PL) - playing
28. journal, un; journaux, des (PL) - newspaper
29. le plus souvent possible - as often as possible
30. magazine, un - magazine
31. monde, le - world
32. nez, un (human) - nose
33. noir (M), noire (F) - dark
34. parler - to talk
35. particulièrement - especially
36. pendant - during
37. personne - nobody
38. pluie, la - rain
39. possible - possible
40. prêt (M); prête (F) - ready
41. produire - to produce
42. profession, une - profession
43. Qu'en est-il de…? - what about…?
44. refuser - to refuse
45. règlement, un - rule
46. répondeur, un - answering machine
47. rien - nothing
48. salut - hi
49. s'assurer - make sure
50. signifier - to mean
51. société, une - company
52. sommeil, rêve - sleeping, dream
53. texte, un - text
54. trente - thirty
55. triste - sad
56. vendre - to sell

B

André travaille dans une maison d'édition

André travaille comme jeune assistant à la maison d'édition Tout-autour Il y fait un travail d'écriture.
« André, notre entreprise s'appelle Tout-autour, dit le chef d'entreprise, M. Vidal, Et cela signifie que nous pouvons créer toutes sortes de textes et de travaux de design pour n'importe quel client. Nous recevons beaucoup de commandes de la part des journaux, des magazines et d'autres clients. Toutes les commandes sont différentes mais nous n'en refusons jamais ».
André aime beaucoup son travail car il peut développer des compétences créatives. Il apprécie les travaux créatifs comme l'écriture et le design. Étant donné qu'il étudie le design à l'université, ce travail est très approprié pour sa future profession.
Aujourd'hui, M. Vidal a de nouvelles tâches pour lui.
« Nous avons des commandes. Tu peux en faire deux, dit M. Vidal, La première commande vient d'une société de téléphone. Ils produisent des téléphones avec des répondeurs. Ils ont besoin de textes drôles pour les répondeurs. Rien ne se vend mieux que les choses drôles. Crée quatre ou cinq textes, s'il te plaît ».

André works at a publishing house

André works as a young helper at the publishing house All-round. He does writing work.
"André, our firm's name is All-round," the head of the firm Mr. Vidal says, "And this means we can do any text composition and design work for any customer. We get many orders from newspapers, magazines and from other customers. All of the orders are different but we never refuse any."
André likes this job a lot because he can develop creative skills. He enjoys creative works like writing compositions and design. Since he studies design at university it is a very suitable job for his future profession.
Mr. Vidal has some new tasks for him today. "We have some orders. You can do two of them." Mr. Vidal says, "The first order is from a telephone company. They produce telephones with answering machines. They need some funny texts for answering machines. Nothing sells better than funny things. Compose four or five texts, please."

« De quelle longueur doivent-ils être? » demande André.
« Ils peuvent contenir entre cinq et trente mots, répond M. Vidal, Et la seconde commande vient du magazine ‹ Le monde vert ›. Ce magazine écrit des articles sur les animaux, les oiseaux, les poissons...etc. Ils ont besoin d'un texte sur n'importe quel animal domestique. Il peut être drôle ou triste, ou juste raconter une histoire sur ton propre animal. As-tu un animal? »
« Oui, j'en ai un. J'ai un chat. Il s'appelle Favori, répond André, Et je pense que je peux écrire une histoire sur ses tours de passe-passe. Quand doit-il être prêt? »
« Ces deux commandes doivent être prêtes pour demain », répond M. Vidal.
« D'accord. Puis-je commencer maintenant? » demande André.
« Oui André », dit M. Vidal.

André amène ces textes le jour suivant. Il a cinq textes pour le répondeur. M Vidal les lit:
1. « Salut. Maintenant c'est à vous de parler ».
2. « Bonjour. Je suis un répondeur. Et vous, qu'êtes-vous? »
3. « Salut. Personne n'est à la maison en ce moment mais mon répondeur y est. Donc vous pouvez lui parler. Attendez le bip sonore ».
4. « Ceci n'est pas un répondeur. Ceci est une machine à enregistrer les pensées. Après le bip sonore, pensez à votre nom, la raison de votre appel et un numéro pour vous rappeler. Et je penserais à vous rappeler ».
5. « Parlez après le bip sonore! Vous avez le droit de garder le silence. J'enregistrerai et j'utiliserai tout ce que vous direz ».
« Ce n'est pas mauvais. Et sur les animaux? » demande M. Vidal. André lui donne un autre morceau de papier. M. Vidal le lit:

Règlement des chats

La marche:
Le plus souvent possible, courez rapidement et le plus près possible devant un humain, particulièrement: dans les escaliers, lorsqu'ils ont quelque chose dans les mains, dans le noir et lorsqu'ils se lèvent le matin. Cela

"How long must they be?" André asks.
"They can be from five to thirty words," Mr. Vidal answers. "And the second order is from the magazine "Green World". This magazine writes about animals, birds, fish etc. They need a text about any home animal. It can be funny or sad, or just a story about your own animal. Do you have an animal?"
"Yes, I do. I have a cat. Its name is Favorite," André answers, "And I think I can write a story about its tricks. When must it be ready?"
"These two orders must be ready by tomorrow," Mr. Vidal answers.
"Okay. May I begin now?" André asks.
"Yes, André," Mr. Vidal says.

André brings those texts the next day. He has five texts for the answering machines. Mr. Vidal reads them:
1. "Hi. Now you say something."
2. "Hello. I am an answering machine. And what are you?"
3. "Hi. Nobody is at home now but my answering machine is. So you can talk to it instead of me. Wait for the beep."
4. "This is not an answering machine. This is a thought-recording machine. After the beep, think about your name, your reason for calling and a number which I can call you back. And I will think about calling you back."
5. "Speak after the beep! You have the right to be silent. I will record and use everything you say."
"It is not bad. And what about animals?" Mr. Vidal asks. André gives him another sheet of paper. Mr. Vidal reads:

Some rules for cats
Walking:
As often as possible, run quickly and as close as possible in front of a human. especially: on stairs, when they have something on their hands, in the dark, and when they get up in the morning. This will

entraînera leur coordination.
Au lit :
La nuit, dormez toujours sur un humain. Ainsi, il ne pourra pas se retourner dans le lit. Essayez de vous allonger sur son visage. Assurez-vous de mettre votre queue sur leur nez.
Le sommeil :
Pour avoir beaucoup d'énergie pour jouer, un chat doit dormir beaucoup (au moins seize heures par jour). Il n'est pas difficile de trouver une place appropriée pour dormir. N'importe quel endroit apprécié par un humain est le bon. Il y a aussi de bons endroits en plein air. Mais vous ne pouvez pas les utiliser quand il pleut ou s'il fait froid. À la place, vous pouvez utiliser les fenêtres ouvertes.
M. Vidal rit.
« Bon travail, André! Je crois que le magazine ‹ Le monde vert › va apprécier ta création », dit-il.

train their co-ordination.
In bed:
Always sleep on a human at night. So he or she cannot turn in the bed. Try to lie on his or her face. Make sure that your tail is on their nose.
Sleeping:
To have a lot of energy for playing, a cat must sleep a lot (at least sixteen hours per day). It is not difficult to find a suitable place to sleep. Any place where a human likes to sit is good. There are good places outdoors too. But you cannot use them when it rains or when it is cold. You can use open windows instead.
Mr. Vidal laughs.
"Good work, André! I think the magazine "Green World" will appreciate your composition," he says.

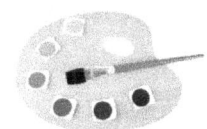

23

Le règlement des chats
Cat rules

A
Mots

1. amour, l' - love, aimer - to love
2. assiette, une - plate
3. av<u>oir</u>, recev<u>oir</u>, obte<u>nir</u> - to get
4. bien que / quoi que (+ subj) - although
5. caché(e), cac<u>her</u> - to hide; cache-cache - hiding, hide-n-seek
6. cachette, une - hiding place
7. chance, une - chance
8. clavier, un - keyboard
9. cuisine, une - kitchen
10. derrière - behind
11. devoir<u>s</u>, les - homework
12. école, une - school
13. embrass<u>er</u> - to kiss
14. en lis<u>ant</u> - reading (gerund)
15. enfant - child
16. fai<u>re</u> semblant (de), préten<u>dre</u>- to pretend
17. forc<u>er</u> - make, force
18. frott<u>er</u> - to rub
19. invité, un; invité<u>e</u>, une - guest
20. jambe, une - leg
21. je partis/part<u>ais</u>, tu partis/part<u>ais</u>, il/elle partit/part<u>ait</u>, nous partîmes/part<u>ions</u>, vous partîtes/part<u>iez</u>, ils partirent/part<u>aient</u>...en courant - ran away
22. lecture, une - reading (particip I)
23. marche, une - step; marcher sur quelque chose- to step on smth
24. mor<u>dre</u> - to bite
25. moustique, un- mosquito
26. mystère, un; énigme, une - mystery, puzzle
27. n'importe quoi, quelque chose - anything, something
28. oubli<u>er</u> - to forget
29. paniqu<u>er</u> - to panic
30. parfois - sometimes
31. plaisir,un - pleasure
32. planète, une - planet

33. près de - close to
34. regardez (informal) - look at
35. repas, un; nourriture, de la - meal, food
36. réussi (M), réussie (F) - manage
37. saison, une - season
38. savoureux (M), savoureuse (F) - tasty
39. secret, un - secret
40. temps, le - weather
41. toilettes, les - toilet
42. total (M), totale (F) - total
43. un peu, peu - few, little
44. voler - to steal

Le règlement des chats

Cat rules

« Le magazine ‹ Un monde Vert › a fait une nouvelle commande », dit M Vidal à André le jour suivant, Et cette commande est pour toi, André. Ils aiment ta création et ils veulent un texte plus long sur ‹ Le règlement des chats › ».
André met deux jours à créer son texte. Le voici.

*"The magazine "Green world" places a new order," Mr. Vidal says to André next day. "And this order is for you, André. They like your composition and they want a bigger text about "Cat rules".
It takes André two days to compose this text. Here it is.*

Le règlement secret pour les chats

Some secret rules for cats

Bien que les chats soient les meilleurs et les plus merveilleux animaux sur cette planète, ils font parfois des choses très étranges. L'un des humains a réussi à voler certains secrets des chats. Voici des règles de vie pour dominer le monde! Mais la manière dont ces règles vont aider les chats reste encore un mystère total pour les humains.
La salle de bain:
Suis toujours les invités à la salle de bain et aux toilettes. Tu n'as pas besoin de faire quoi que ce soit. Assieds toi simplement et frottes toi à leurs jambes.
Les portes:
Toutes les portes doivent être ouvertes. Pour qu'une porte s'ouvre, restes là devant un homme avec un air triste. Quand il ouvre une porte, tu n'as pas besoin de la franchir. Une fois que tu as ouvert la porte d'entrée de cette manière, restes devant la porte et réfléchissez. Ceci est particulièrement important quand il fait très froid, ou quand il pleut ou quand c'est la saison des moustiques.
La cuisine:
Assieds toi toujours derrière le pied droit des humains qui cuisinent. Ainsi, ils ne peuvent pas te voir et meilleure est chance qu'il te marche dessus. Quand cela se produit, ils te prennent dans les bras et te donnent quelque chose de savoureux à manger.

*Although cats are the best and the most wonderful animals on this planet, they sometimes do very strange things. One of the humans managed to steal some cat secrets. They are some rules of life in order to take over the world! But how these rules will help cats is still a total mystery to the humans.
Bathrooms:
Always go with guests to the bathroom and to the toilet. You do not need to do anything. Just sit, look and sometimes rub their legs.
Doors:
All doors must be open. To get a door opened, stand looking sad at humans. When they open a door, you need not go through it. After you open the outside door this way, stand in the door and think about something. This is especially important when the weather is very cold, or when it is a rainy day, or when it is the mosquito season.
Cooking:
Always sit just behind the right foot of cooking humans. So they cannot see you and you have a better chance that a*

Lecture de livres:
Essaie de venir plus près du visage d'un humain qui lit, entre ses yeux et le livre. Le mieux est de s'allonger sur le livre.

Les devoirs d'école des enfants:
Allonge toi sur les livres et les cahiers et fais semblant de dormir. Mais de temps en temps, saute sur le stylo. Mords si un enfant essaye de te chasser de la table.

L'ordinateur:
Si un humain travaille sur un ordinateur, saute sur le bureau et marchez sur le clavier.

La nourriture:
Les chats ont besoin de beaucoup manger. Mais manger n'est que la moitié du plaisir. L'autre moitié consiste à recevoir de la nourriture. Lorsque les humains mangent, mets ta queue dans leur assiette quand ils ne regardent pas. Meilleure sera alors ta chance d'avoir une assiette pleine de nourriture. Ne manges jamais dans ta propre assiette si tu peux prendre de la nourriture sur la table. Ne bois jamais dans ta propre gamelle si tu peux boire dans la tasse d'un humain.

La cachette:
Cache toi dans des endroits où les humains ne peuvent pas te trouver pendant des jours. Cela fera paniquer les humains (ce qu'ils adorent), pensant que tu t'es enfui. Quand tu sors de ta cachette, les humains vont t'embrasser et te montrer leur amour. Et tu pourrais bien avoir quelque chose de savoureux.

Les humains:
La tâche des humains consiste à nous nourrir, jouer avec nous et nettoyer notre boîte. Il est important qu'ils n'oublient pas qui est le chef à la maison.

human steps on you. When it happens, they take you in their hands and give something tasty to eat.

Reading books:
Try to get closer to the face of a reading human, between eyes and the book. The best is to lie on the book.

Children's school homework:
Lie on books and copy-books and pretend to sleep. But from time to time jump on the pen. Bite if a child tries to take you away from the table.

Computer:
If a human works with a computer, jump up on the desk and walk over the keyboard.

Food:
Cats need to eat a lot. But eating is only half of the fun. The other half is getting the food. When humans eat, put your tail in their plate when they do not look. It will give you a better chance to get a full plate of food. Never eat from your own plate if you can take some food from the table. Never drink from your own water plate if you can drink from a human's cup.

Hiding:
Hide in places where humans cannot find you for a few days. This will make humans panic (which they love) thinking that you ran away. When you come out of the hiding place, the humans will kiss you and show their love. And you may get something tasty.

Humans:
Tasks of humans are to feed us, to play with us, and to clean our box. It is important that they do not forget who the head of the house is.

24

Un travail d'équipe
Team work

A

Mots

1. abandonner - to give up
2. avant de faire (quelque chose) - before doing smth
3. beau (M), belle (F), beaux, belles (PL) - beautiful
4. bientôt - soon
5. capitaine, un - captain
6. central, centraux (M), centrale, centrales(F) - central
7. collègue, un/une - colleague
8. comme si - as if
9. continuer - to continue; continuait - continued
10. contre - against
11. court (M), courte (F) - short
12. danser - to dance; dansait, avait dansé - danced; dansant - dancing (particip I)
13. détruire - to destroy
14. détruit - destroy
15. enseigner - to teach
16. espace, l' - space
17. être/devenir reconnaissant - be/become glad
18. extra-terrestre, un - alien
19. fleur, une - flower
20. fonctionnel - working
21. guerre, la - war
22. j'aimai/aimais, tu aimas/aimais, il aima/aimait, nous aimâmes/aimions, vous aimâtes/aimiez, ils aimèrent/aimaient - loved
23. j'allumai/j'allumais, tu allumas/allumais, il/elle alluma allumait, nous allumâmes/allumions, vous allumâtes/allumiez, ils/elles allumèrent/allumaient - switched on
24. j'arrêtai/j'arrêtais; tu arrêtas/tu arrêtais; il arrêta/arrêtait; nous arrêtâmes/arrêtions;

vous arrêtâtes/arrêtiez; ils/elles arrêtèrent/arrêtaient - stopped
25. je bougeai/bougeais, tu bougeas/bougeais, il/elle bougea/bougeait, nous bougeâmes/bougions, vous bougeâtes/bougiez, ils/elles bougèrent/bougeaient - moved
26. je commençai/commençais; tu commenças/commençais; il/elle commença/commençait; nous commençâmes/commencions; vous commençâtes/commenciez; ils/elles commencèrent/commençaient - began
27. je dis/disais; tu dis/disais; il dit/disait; nous dîmes/disions; vous dîtes/disiez; ils/elles dirent/disaient - said
28. je me souvins/souvenais, tu te souvins/souvenais, il/elle se souvint/souvenait, nous nous souvînmes/souvenions, vous vous souvîntes/souveniez, ils/elles se souvinrent/souvenaient - remembered
29. je m'envolai/m'envolais; tu t'envolas/t'envolais; il/elle s'envola/s'envolait; nous nous envolâmes/envolions; vous vous envolâtes/envoliez; ils/elles s'envolèrent/s'envolaient - flew away
30. je partis/partais; tu partis/partais; il/elle partit/partait; nous partîmes/partions; vous partîtes/partiez; ils/elles partirent/partaient - went away
31. je regardai/regardais; tu regardas/regardais; il regarda/regardait; nous regardâmes/regardions; vous regardâtes/regardiez; ils/elles regardèrent/regardaient - looked
32. je souriai/souriais; tu sourias/souriais; il/elle souria/souriait; nous souriâmes/souriions; vous souriâtes/souriiez; ils/elles sourièrent/souriaient - smiled
33. je sus/savais, tu sus/savais, il/elle sut/savait, nous sûmes/savions, vous sûtes/saviez, ils/elles surent/savaient - knew
34. je terminai/terminais, tu terminas/terminais, il/elle termina/terminait, nous terminâmes/terminions, vous terminâtes/terminiez, ils/elles terminèrent/terminaient - finished
35. je tuai/tuais; tu tuas/tuais; il/elle tua/tuait; nous tuâmes/tuiions; vous tuâtes/tuiiez; ils/elles tuèrent/tuaient - killed
36. je vins/venais; tu vins/venais; il/elle vint/venait; nous vînmes/venions; vous vîntes/veniez; ils/elles vinrent - came
37. j'entendis/j'entendais; tu entendis/entendais; il/elle entendit/entendait; nous entendîmes/entendions; vous entendîtes/entendiez; ils entendirent/entendaient - heard
38. j'eus/j'avais, tu eus/avais, il/elle eut/avait, nous eûmes/avions, vous eûtes/aviez, ils/elles eurent/avaient - had
39. j'informai/j'informais; tu informas/informais; il/elle informa/informait; nous informâmes/informions; vous informâtes/informiez; ils/elles informèrent/informaient - informed
40. jusqu'à - until
41. laser, un - laser
42. l'un d'entre - either
43. mille - thousand
44. milliard - billion
45. mourir - to die, je mourus/remuais; tu mourus/mourais; il/elle mourut/mourait; nous mourûmes/mourions; vous mourûtes/mouriiez; ils/elles moururent/mouraient - died
46. pointait vers - pointed at
47. poste de télévision, un - TV-set
48. prendre part - to take part

49. radar, un - radar
50. radio, une - radio
51. série, une - serial
52. terre, la - earth
53. tomb**er** - to fall
54. vaisseau spatial, un; vaiss**eaux** spatiaux, des - spaceship

 **B**

Un travail d'équipe

Team work

Bernard veut être journaliste. Il étudie à l'université. Aujourd'hui, il a une leçon de composition. Mr Marchand enseigne l'écriture de la composition aux étudiants.
« Chers amis, dit-il, certains d'entre vous vont travailler pour des maisons d'édition, des journaux ou des magazines, la radio ou la télévision. Cela signifie que vous allez travailler en équipe. Travailler en équipe n'est pas simple. Maintenant, je souhaite que vous écriviez un texte journalistique en équipe. J'ai besoin d'un garçon et d'une fille ».
Beaucoup d'étudiants veulent prendre part au travail en équipe. M Marchand choisit Bernard et Caroline. Caroline vient d'Espagne mais elle sait très bien parler français.
« S'il vous plaît, asseyez-vous à cette table. Maintenant, vous êtes collègues, leur dit M Marchand, Vous allez écrire un texte court. L'un d'entre vous va commercer le texte puis le donner à son collègue. Votre collègue va lire le texte et le continuer. Puis rendez le à votre collègue et le premier va le lire et le continuer. Et ainsi de suite jusqu'à ce que votre temps soit écoulé. Je vous donne vingt minutes ».
M Marchand leur donne du papier et Caroline commence. Elle réfléchit un peu puis écrit.

Bernard wants to be a journalist. He studies at a university. He has a composition lesson today. Mr. Marchand teaches students to write compositions.
"Dear friends," he says, "some of you will work for publishing houses, newspapers or magazines, the radio or television. This means you will work in a team. Working in a team is not simple. Now I want that you try to make a journalistic composition in a team. I need a boy and a girl."
Many students want to take part in the team work. Mr. Marchand chooses Bernard and Caroline. Caroline is from Spain but she can speak French very well.
"Please, sit at this table. Now you are colleagues," Mr. Marchand says to them, "You will write a short composition. Either of you will begin the composition and then give it to your colleague. Your colleague will read the composition and continue it. Then your colleague will give it back and the first one will read and continue it. And so on until your time is over. I give you twenty minutes."
Mr. Marchand gives them paper and Caroline begins. She thinks a little and then writes.

Une création en équipe

Team composition

Caroline: Julie regardait par la fenêtre. Les fleurs de son jardin remuaient au vent comme si elles dansaient. Elle se souvint de cette soirée où elle avait dansé avec Martin. C'était il y a un an mais elle se souvenait de tout - ses yeux bleus, son sourire et sa voix. Ca avait été un très bon moment mais c'était fini. Pourquoi n'était-il pas avec elle?
Bernard: À ce moment, le capitaine de l'espace Martin

Caroline: Julie was looking through the window. The flowers in her garden were moving in the wind as if dancing. She remembered that evening when she danced with Martin. It was a year ago but she remembered everything - his blue eyes, his smile and his voice. It was a happy time for her but it was over now. Why was not he

Baron était dans le vaisseau spatial l'Étoile Blanche. Il avait une mission importante et il n'avait pas le temps de penser à cette fille idiote avec qui il avait dansé il y a un an. Il pointa rapidement les lasers de l'Étoile Blanche vers les vaisseaux spatiaux. Puis il alluma la radio et parla aux extra-terrestres: « Je vous donne une heure pour abandonner. Si dans une heure vous n'abandonnez pas, je vais vous détruire ».

Mais avant qu'il ne finisse, un laser extra-terrestre percuta le moteur gauche de l'Étoile Blanche. Le laser de Martin commença à tirer sur les vaisseaux spatiaux extra-terrestres et en même temps il alluma la centrale et le moteur de droite. Le laser extra-terrestre détruisit le moteur de droite encore fonctionnel et l'Étoile Blanche fut fortement secoué. Martin tomba par terre, se demandant pendant la chute lequel des vaisseaux spatiaux extra-terrestres il devrait détruire en premier.

Caroline: Mais il se tapa la tête sur le sol l et mourut immédiatement. Mais avant de mourir, il se souvint de la pauvre jolie fille qui l'aimait et il fut désolé de l'avoir abandonnée. Bientôt les gens arrêtèrent cette guerre stupide avec les pauvres extra-terrestres. Ils détruisirent tous leurs vaisseaux spatiaux et leurs lasers et informèrent les extra-terrestres que les gens ne leur feraient plus jamais la guerre. Les gens disaient qu'ils voulaient être amis avec les extra-terrestres. Julie fut très contente lorsqu'elle l'apprit. Puis elle alluma le poste de télévision et continua à regarder une merveilleuse série allemande.

Bernard: Parce que les gens avaient détruit leurs propres radars et lasers, personne ne sut que les vaisseaux spatiaux des extra-terrestres s'approchaient très près de la terre. Des milliers de lasers extra-terrestres percutèrent la terre et tuèrent la pauvre et idiote Julie et cinq milliards de gens en une seconde. La terre était détruite et ses morceaux s'envolèrent dans l'espace.

« Je vois que vous êtes arrivés à la fin avant que votre temps ne soit terminé, sourit M Marchand, Bon, la leçon est terminée. Nous lirons le texte en équipe à la prochaine leçon, et nous en discuterons ».

with her?
Bernard: At this moment space captain Martin Baron was at the spaceship White Star. He had an important task and he did not have time to think about that silly girl who he danced with a year ago. He quickly pointed the lasers of White Star at alien spaceships. Then he switched on the radio and talked to the aliens: "I give you an hour to give up. If in one hour you do not give up I will destroy you."
But before he finished an alien laser hit the left engine of the White Star. Martin's laser began to hit alien spaceships and at the same time he switched on the central and the right engines. The alien laser destroyed the working right engine and the White Star shook badly. Martin fell on the floor thinking during the fall which of the alien spaceships he must destroy first.
Caroline: But he hit his head on the metal floor and died at the same moment. But before he died he remembered the poor beautiful girl who loved him and he was very sorry that he went away from her. Soon people stopped this silly war on poor aliens. They destroyed all of their own spaceships and lasers and informed the aliens that people would never start a war against them again. People said that they wanted to be friends with the aliens. Julie was very glad when she heard about it. Then she switched on the TV-set and continued to watch a wonderful Mexican serial.
Bernard: Because people destroyed their own radars and lasers, nobody knew that spaceships of aliens came very close to the Earth. Thousands of aliens' lasers hit the Earth and killed poor silly Julie and five billion people in a second. The Earth was destroyed and its turning parts flew away in space.
"I see you came to the finish before your time is over," Mr. Marchand smiled, "Well, the lesson is over. Let us read and speak about this team composition during the next lesson."

25

Robert et Bernard cherchent un nouvel emploi
Robert and Bernard are looking for a new job

A

Mots

1. accueillir - to greet
2. âge, un - age
3. analyse, une - analyse
4. animal, un - pet
5. art, un - art
6. artiste, un/une - artist
7. avant, devant - before
8. cabinet de conseil, un - consultancy
9. chaton, un - kitten
10. chiot, un - puppy
11. dirigeant, un - leader
12. docteur, un - doctor
13. écrivain, un - writer
14. épagneul, un - spaniel
15. estimer - to estimate
16. fermier, un - farmer
17. genre, un; type, un - kind, type
18.
19. idée, une - idea
20. ingenieur, un - engineer
21. je trouvai/trouvais; tu trouvas/trouvais; il/elle trouva/trouvait; nous trouvâmes/trouvions; vous trouvâtes/trouviez; ils/elles trouvèrent/trouvaient - found
22. méthode, une - method
23. monotone - monotonous
24. nature, la - nature
25. nourriture, de la - food
26. pendant - while
27. permettre, autoriser - to allow
28. personnel - personal
29. petites annonces, les - ad
30. programmateur, un - programmer
31. questionnaire, un - questionnaire
32. rat, un - rat

33. recommand**er** - to recommend; recommandation, une - recommendation
34. récompense, une - reward
35. rêve, un - dream; rêv**er** - to dream
36. rubrique, une - rubric
37. rusé - sly
38. sale - dirty
39. serv**ir** - to serve
40. s'opposer - to mind (to be against something)
41. talent, un - talent, skill
42. tapis, un - carpet
43. tourn**er** - turn over
44. traducteur, un - translator
45. vétérinaire, un - vet
46. voisin, un - neighbour
47. voya**ger** - to travel

Robert et Bernard cherchent un nouvel emploi

Robert and Bernard are looking for a new job

Robert et Bernard sont dans la maison de Bernard. Bernard nettoie la table après le petit-déjeuner et Robert lit des publicités et des petites annonces dans un journal. Il lit la rubrique des ‹ Animaux ›. La sœur de Bernard, Anne, est aussi dans la pièce. Elle essaye d'attraper le chat qui se cache sous le lit.
« Il y a tellement d'animaux gratuits dans le journal. Je pense que je vais choisir un chat ou un chien. Bernard, qu'en penses-tu? » demande Robert à Bernard.
« Anne, n'embête pas le chat!, dit Bernard avec colère, Hé bien, Robert, ce n'est pas une mauvaise idée. Ton animal t'attendra toujours à la maison et sera si content lorsque tu rentres chez toi et lui donne de la nourriture. Et n'oublie pas que tu devras aller promener ton animal matin et soir ou nettoyer sa boîte. Parfois tu devras nettoyer le sol ou amener ton animal chez le vétérinaire. Réfléchis, donc, avant de prendre un animal ».
« Bon, il y a des petites annonces ici. Écoute », dit Robert en commençant à lire tout haut:
« J'ai trouvé un chien blanc sale, il ressemble à un rat, il a surement vécu longtemps dans la rue. Je m'en débarrasse contre de l'argent ».
 En voici une de plus:
« Berger Allemand parlant allemand. Don gratuit. Et des chiots gratuits, mi-épagneul mi-chien de voisin rusé ».
Robert regarde Bernard: « Comment un chien peut-il parler allemand? »
« Un chien peut comprendre l'allemand. Comprends-tu l'allemand? » demande Bernard en souriant.

Robert and Bernard are at Bernard's home. Bernard is cleaning the table after breakfast and Robert is reading adverts and ads in a newspaper. He is reading the rubric "Animals". Bernard's sister Anne is in the room too. She is trying to catch the cat hiding under the bed.
"There are so many pets for free in the newspaper. I think I will choose a cat or a dog. Bernard, what do you think?" Robert asks Bernard.
"Anne, do not bother the cat!". Bernard says angrily. "Well Robert, it is not a bad idea. Your pet will always wait for you at home and will be so happy when you come back home and give some food. And do not forget that you will have to walk with your pet in mornings and evenings or clean its box. Sometimes you will have to clean the floor or take your pet to a vet. So think carefully before you get an animal."
"Well, there are some ads here. Listen," Robert says and begins to read aloud:
"Found dirty white dog, looks like a rat. It may live outside for a long time. I will give it away for money."
 Here is one more:
"German dog, speaks German. Give away for free. And free puppies half spaniel half sly neighbor's dog."
Robert looks at Bernard, "How can a dog speak German?"

« Je comprends l'allemand. Écoute, voici une autre petite annonce:
Donne chatons de ferme gratuits. Prêts à manger. Ils mangeront n'importe quoi ».
Robert tourne les pages du journal. « Bon, je crois que les animaux peuvent attendre. Je ferais mieux de chercher un travail ». Il trouve la rubrique des emplois et lit tout haut:
« Cherchez-vous un emploi qui vous convienne? Le cabinet de conseil ‹ Le personnel qui vous convient › peut vous aider. Nos consultants estimeront vos talents personnels et vous recommanderons sur la profession la plus appropriée ».
Robert regarde en l'air et dit: « Bernard, qu'en penses-tu? »
« Pour vous, le meilleur travail consiste à nettoyer un camion dans la mer et de à faire flotter », dit Anne en courant rapidement en dehors de la chambre.
« Ce n'est pas une mauvaise idée. Maintenant, allons-y », répond Bernard, sortant soigneusement le chat en dehors de la bouilloire, là où Anne a mis le chat il y a une minute.
Robert et Bernard arrivent en vélo au cabinet de conseil « Le personnel qui vous convient ». Comme il n'y a pas la queue, ils rentrent. Il y a deux femmes. L'une d'elles parle au téléphone. Une autre femme écrit quelque chose. Elle demande à Robert et à Bernard de prendre un siège. Elle s'appelle Diane Picard. Elle leur demande leurs noms et leurs âges.
« Bon, laissez-moi vous expliquer la méthode que nous utilisons. Regardez, il y a cinq types de professions.
Le premier type est l'homme - nature. Professions: fermier, travailleur au zoo... etc.
Le second type est l'homme - machine. Professions: pilote, chauffeur de taxi, conducteur de camion... etc.
Le troisième type est l'homme - homme. Professions: docteur, enseignant, journaliste... etc.
Le quatrième type est l'homme - ordinateur. Professions: traducteur, ingénieur, programmateur... etc.
Le cinquième type est l'homme - art. Professions: écrivain, artiste, chanteur... etc.
Nous vous recommanderons l'emploi qui vous convient seulement quand nous en apprendrons plus sur vous. Premièrement, laissez-moi estimer vos talents

"A dog may understand German. Can you understand German?" Bernard asks smiling.
"I cannot understand German. Listen, here is one more ad:
"Give away free farm kittens. Ready to eat. They will eat anything."
Robert turns the newspaper. "Well, I think pets can wait. I will better look for a job," he finds the rubric about jobs and reads aloud.
"Are you looking for a suitable job? The job consultancy "Suitable personnel" can help you. Our consultants will estimate your personal gifts and will give you a recommendation about the most suitable profession,"
Robert looks up and says: "Bernard what do you think?"
"The best job for you is washing a truck in the sea and let it float," Anne says and quickly runs out of the room.
"It is not a bad idea. Let's go now," Bernard answers and takes carefully the cat out of the kettle, where Anne put the animal a minute ago.
Robert and Bernard arrive to the job consultancy "Suitable personnel" by their bikes. There is no queue, so they go inside. There are two women there. One of them is speaking on the telephone. Another woman is writing something. She asks Robert and Bernard to take seats. Her name is Diane Picard. She asks them their names and their age.
"Well, let me explain the method which we use. Look, there are five kinds of professions.
The first kind is man - nature. Professions: farmer, zoo worker etc.
The second kind is man - machine. Professions: pilot, taxi driver, truck driver etc.
The third kind is man - man. Professions: doctor, teacher, journalist etc.
The fourth kind is man - computer. Professions: translator, engineer, programmer etc.

personnels. Je dois savoir ce que vous aimez et ce que vous n'aimez pas. Ensuite, nous saurons quel type de profession vous convient le mieux. S'il vous plaît, remplissez le questionnaire maintenant », dit Mme Picard qui leur donne les questionnaires. Bernard et Robert remplissent le questionnaire.

Questionnaire
Nom: Bernard Legrand

Regarder des machines - Cela ne me dérange pas
Parler avec des gens - J'aime
Servir des clients - Cela ne me dérange pas
Conduire des voitures, des camions - J'aime
Travailler à l'intérieur - J'aime
Travailler à l'extérieur - J'aime
Beaucoup mémoriser - Cela ne me dérange pas
Voyager - J'aime
Estimer, vérifier - Je déteste
Le travail sale - Cela ne me dérange pas
Le travail monotone - Je déteste
Le travail difficile - Cela ne me dérange pas
Être un dirigeant - Cela ne me dérange pas
Travailler en équipe - Cela ne me dérange pas
Rêver en travaillant - J'aime
S'entraîner - Cela ne me dérange pas
Le travail créatif - J'aime
Travailler sur des textes - J'aime

Questionnaire
Nom: Robert Genscher

Regarder des machines - Cela ne me dérange pas
Parler avec des gens - J'aime
Servir des clients - Cela ne me dérange pas
Conduire des voitures, des camions - Cela ne me dérange pas
Travailler à l'intérieur - J'aime
Travailler à l'extérieur - J'aime
Beaucoup mémoriser - Cela ne me dérange pas
Voyager - J'aime
Estimer, vérifier - Cela ne me dérange pas
Le travail sale - Cela ne me dérange pas
Le travail monotone - Je déteste
Le travail difficile - Cela ne me dérange pas
Être un dirigeant - Je déteste
Travailler en équipe - J'aime
Rêver en travaillant - J'aime

The fifth kind is man - art. Professions: writer, artist, singer etc.
We give recommendations about a suitable profession only when we learn about you more. First let me estimate your personal gifts. I must know what you like and what you dislike. Then we will know which kind of profession is the most suitable for you. Please, fill up the questionnaire now," Mrs. Picard says and gives them the questionnaires. Bernard and Robert fill up the questionnaires.

Questionnaire
Name: Bernard Legrand

Watch machines - I do not mind
Speak with people - I like
Serve customers - I do not mind
Drive cars, trucks - I like
Work inside - I like
Work outside - I like
Remember a lot - I do not mind
Travel - I like
Estimate, check - I hate
Dirty work - I do not mind
Monotonous work - I hate
Hard work - I do not mind
Be leader - I do not mind
Work in team - I do not mind
Dream while working - I like
Train - I do not mind
Do creative work - I like
Work with texts - I like

Questionnaire
Name: Robert Genscher

Watch machines - I do not mind
Speak with people - I like
Serve customers - I do not mind
Drive cars, trucks - I do not mind
Work inside - I like
Work outside - I like
Remember a lot - I do not mind
Travel - I like
Estimate, check - I do not mind
Dirty work - I do not mind
Monotonous work - I hate
Hard work - I do not mind
Be leader - I hate
Work in team - I like

S'entraîner - Cela ne me dérange pas
Le travail créatif - J'aime
Travailler sur des textes - J'aime

Dream while working - I like
Train - I do not mind
Do creative work - I like
Work with texts - I like

26

Postuler au journal « Les nouvelles de Bordeaux »
Applying to newspaper "Bordeaux News"

A

Mots

1. accompagner - to accompany
2. arranger - arrange
3. astérisque, un - asterisk
4. au revoir - goodbye
5. champ, un - field (in a document)
6. compétences - skills
7. couramment - fluently (speak a lang.)
8. criminel - criminal (adj), criminel, un - criminal
9. deuxième prénom - middle name
10. dix-sept - seventeen
11. éditeur, un - editor
12. éducation, l' - education
13. féminin - female (adj)
14. finance, la - finance
15. formulaire, un - form (document)
16. information, une - information
17. j'appris/apprenais; tu appris/apprenais; il/elle apprit/apprenait; nous apprîmes/apprenions; vous apprîtes/appreniez; ils/elles apprirent/apprenaient (quelque chose) - learned about
18. j'arrivai/arrivais; tu arrivas/arrivais; il/elle arriva/arrivait; nous arrivâmes/arrivions; vous arrivâtes/arriviez; ils/elles arrivèrent/arrivaient - arrived
19. je demandai/demandais; tu demandas/demandais; il/elle demanda/demandait; nous demandâmes/demandions; vous demandâtes/demandiez; ils/elles demandèrent/demandaient - asked
20. je donnai/donnais; tu donnas/donnais; il/elle donna/donnait; nous donnâmes/donnions; vous donnâtes/donniez; ils/elles donnèrent/donnaient - gave

21. je pr<u>is</u>/pren<u>ais</u>; tu pr<u>is</u>/pren<u>ais</u>; il/elle pr<u>it</u>/pren<u>ait</u>; nous pr<u>î</u>mes/pren<u>ions</u>; vous pr<u>î</u>tes/pren<u>iez</u>; ils/elles pr<u>irent</u>/pren<u>aient</u> - took
22. je p<u>us</u>/pouv<u>ais</u>; tu p<u>us</u>/pouvr<u>ais</u>; il/elle p<u>ut</u>/pouv<u>ait</u>; nous p<u>û</u>mes/pouv<u>ions</u>; vous p<u>û</u>tes/pouv<u>iez</u>; ils/elles p<u>urent</u>/pouv<u>aient</u> - could
23. je recommand<u>ai</u>/recommand<u>ais</u>; tu recommand<u>as</u>/recommand<u>ais</u>; il/elle recommand<u>a</u>/recommand<u>ait</u>; nous recommand<u>â</u>mes/recommand<u>ions</u>; vous recommand<u>â</u>tes/recommand<u>iez</u>; ils/elles recommand<u>èrent</u>/recommand<u>aient</u> - recommended
24. je travaill<u>ai</u>/travaill<u>ais</u>; tu travaill<u>as</u>/travaill<u>ais</u>; il/elle travaill<u>a</u>/travaill<u>ait</u>; nous travaill<u>â</u>mes/travaill<u>ions</u>; vous travaill<u>â</u>tes/travaill<u>iez</u>; ils/elles travaill<u>èrent</u>/travaill<u>aient</u> - worked
25. j'estim<u>ai</u>/estim<u>ais</u>; tu estim<u>as</u>/estim<u>ais</u>; il/elle estim<u>a</u>/estim<u>ait</u>; nous estim<u>â</u>mes/estim<u>ions</u>; vous estim<u>â</u>tes/estim<u>iez</u>; ils/elles estim<u>èrent</u>/estim<u>aient</u> - estimated
26. mari<u>é</u> - married (for a man); mari<u>ée</u> - married (for women)
27. masculin - male (adj)
28. nationalité, une - nationality
29. part<u>ir</u> - to leave
30. patrouille, une - patrol
31. police, la - police
32. postul<u>er</u> à - to apply
33. quitt<u>er</u> - to leave
34. rempl<u>ir</u>, complét<u>er</u> - fill up (a form)
35. report<u>er</u> - to report; reporter, un - reporter
36. semaine, une - week
37. sexe, un - sex (formal)
38. soulign<u>er</u> - to underline
39. statut, un - status; statut familial - family status
40. travail à mi-temps - part time job
41. travail à temps complet, un - full time job
42. unique, célibataire - single
43. vide - blank, empty
44. vingt-et-un - twenty-one
45. voiture, une - car

B

Postuler au journal « Les nouvelles de Bordeaux »

Applying to newspaper "Bordeaux News"

Mme Picard estimait les réponses de Bernard et de Robert dans leurs questionnaires. Quand elle en apprit plus sur leurs talents personnels, elle put leur donner des recommandations sur des professions appropriées. Elle dit que le troisième type de profession était celui qui était le plus approprié pour eux. Ils pourraient travailler comme docteur, enseignant ou journaliste, etc. Mme Picard leur recommanda de postuler à au journal « Les nouvelles de Bordeaux ». Ils proposaient du travail à mi-temps aux étudiants qui pourraient créer des rapports de police pour la rubrique criminelle. Alors Robert et Bernard allèrent au service du personnel du journal « Les nouvelles de Bordeaux » et postulèrent pour ce travail.

Mrs. Picard estimated Bernard's and Robert's answers in the questionnaires. When she learned about their personal gifts she could give them some recommendations about suitable professions. She said that the third profession kind is the most suitable for them. They could work as a doctor, a teacher or a journalist etc. Mrs. Picard recommended them to apply for a job with the newspaper "Bordeaux News". They gave a part time job to students who could compose police reports for the criminal rubric. So Robert and Bernard arrived at the personnel department of the newspaper "Bordeaux News" and applied

« Aujourd'hui, nous avons été au cabinet de conseil pour l'emploi ‹ Le personnel qui vous convient ›, dit Bernard à Mme Hubert, qui était chef de service du personnel, Ils nous ont conseillé de postuler à votre journal ».

« Bien, avez-vous déjà travaillé avant comme reporter? » demanda Mme Hubert.

« Non, jamais », répondit Bernard.

« S'il vous plaît, remplissez les formulaires d'informations personnelles », dit Mme Hubert en leur donnant deux formulaires. Robert et Bernard remplirent les formulaires d'informations personnelles.

Formulaire d'Informations Personnelles
Vous devez remplir tous les champs avec des astérisques *. Vous pouvez laisser les autres champs vides.

Prénom*... Bernard
Deuxième prénom...
Nom de famille*... Legrand
Sexe*... (souligner) <u>Masculin</u> Féminin
Age*... Vingt ans
Nationalité*... Française
Statut familial... (souligner) <u>Célibataire</u> Marié
Adresse*... 11 rue Malbec, Bordeaux
Éducation... J'ai étudié le journalisme en troisième année d'université
Où avez-vous travaillé avant?... J'ai travaillé deux mois comme fermier
Quelle expérience et quels talents avez-vous acquis?*... Je peux conduire une voiture ou un camion et je sais utiliser un ordinateur
Langues*
0 - aucun, 10 - couramment... Français - 10, Anglais - 5
Permis de conduire*... (souligner) Non <u>Oui</u> Type: BC, je peux conduire des camions.
Vous avez besoin d'un travail*... (souligner) A plein-temps <u>À mi-temps</u>: 15 heures par semaine
Vous voulez gagner... 15 euros de l'heure

Formulaire d'Informations Personnelles
Vous devez remplir les champs avec des astérisques *. Vous pouvez laisser les autres champs vides.

Prénom*... Robert
Middle name...
Deuxième prénom... Genscher
Sexe*... (souligner) <u>Masculin</u> Féminin
Age*... Vingt-un ans

---

for this job.

"We have been to the job consultancy "Suitable personnel" today." Bernard said to Miss Hubert, who was the head of the personnel department, "They have recommended us to apply to your newspaper."

"Well, have you worked as a reporter before?" Miss Hubert asked.

"No, we have not," Bernard answered.

"Please, fill up these personal information forms," Miss Hubert said and gave them two forms. Robert and Bernard filled up the personal information forms.

Personal information form
You must fill up fields with asterisk *. You can leave other fields blank.

First name* ... Bernard
Middle name ...
Second name* ... Legrand
Sex* ... (underline) <u>Male</u> Female
Age* ... Twenty years old
Nationality* ... French
Family status ... (underline) <u>Single</u> Married
Address* ... Rue Malbec 11, Bordeaux
Education ... I study journalism in the third year at a university
Where have you worked before? ... I worked for two months as a farm worker
What experience and skills have you had?* ... I can drive a car, a truck and I can use a computer
Languages*
0 - no, 10 - fluently ... French - 10, Russian - 5
Driving license* ... (underline) No <u>Yes</u>
Kind: BC, I can drive trucks
You need a job* ... (underline) Full time <u>Part time</u>: 15 hours a week
You want to earn ... 15 euro per hour

Personal information form
You must fill up fields with asterisk *. You can leave other fields blank.

First name* ... Robert
Middle name ...
Second name* ... Genscher
Sex* ... (underline) <u>Male</u> female

Nationalité*... Allemand	Age*... Twenty-one years old
Statut familial... (souligner) <u>Célibataire</u> Marié	Nationality*... German
Adresse*... Chambre 218, résidences universitaires, 5 Rue Pelleport, Bordeaux	Family status... (underline) <u>Single</u> Married
Éducation... J'étudie l'informatique en deuxième année d'université	Address*... Room 218, student dorms, Rue Pelleport 5, Bordeaux
Où avez-vous travaillé avant?... J'ai travaillé deux mois comme fermier	Education... I study computer design in the second year at a university
Quelle expérience et quels talents avez-vous acquis?*... Je sais utiliser un ordinateur	Where have you worked?... I worked for two months as a farm worker
Langues*	What experience and skills have you had?*... I can use a computer
0 - aucun, 10 - couramment... Français - 8, Allemand - 10	Languages*
Permis de conduire*... (souligner) <u>Non</u> Oui Type:	0 - no, 10 - fluently... English - 10, French - 7
Vous avez besoin d'un travail*... (souligner) A plein-temps <u>À mi-temps</u>: 15 heures par semaine	Driving license*... (underline) <u>No</u> Yes Kind:
Vous voulez gagner... 15 euros de l'heure	You need a job*... (underline) Full time <u>Part time</u>: 15 hours a week
Mme Hubert prit leurs formulaires d'informations personnelles pour l'éditeur de « Les nouvelles de Bordeaux ».	You want to earn... 15 euro per hour
« L'éditeur a accepté, dit Mme Hubert en revenant, Vous allez accompagner une patrouille de Police puis écrire des rapports pour la rubrique criminelle. Une voiture de police viendra demain à dix-sept heures pour vous chercher. Soyez là-bas à l'heure, voulez-vous?	Miss Hubert took their personal information forms to the editor of "Bordeaux News".
« Bien sûr », répondit Robert.	"The editor has agreed," Miss Hubert said when she came back, "You will accompany a police patrol and then compose reports for the criminal rubric. A police car will come tomorrow at seventeen o'clock to take you. Be here at this time, will you?"
« Oui, nous y serons, dit Bernard, Au revoir ».	"Sure," Robert answered.
« Au revoir », répondit Mme Hubert.	"Yes, we will," Bernard said, "Goodbye."
	"Goodbye," Miss Hubert answered.

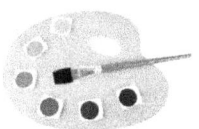

27

La patrouille de police (partie 1)
The police patrol (part 1)

A
Mots

1. alerte, une - alarm
2. arme, une; pistolet, un - arms, gun
3. attach<u>er</u> - fasten
4. autour de - around
5. braqueur, un - robber; braquage, un - robbery
6. ceintures, des - seat belts
7. cent - hundred
8. clé / clef, une - key
9. deux-cent - two hundred
10. douze - twelve
11. effray<u>er</u> - frighten
12. fermé (M), fermées (F) - closed (past part.)
13. haut (M), haut<u>e</u> (F) - high
14. hurlement, un - howling
15. j'aboy<u>ai</u>/aboy<u>ais</u>; tu aboy<u>as</u>/aboy<u>ais</u>; il/elle aboy<u>a</u>/aboy<u>ait</u>; nous aboy<u>âmes</u>/aboy<u>ions</u>; vous aboy<u>âtes</u>/aboy<u>iez</u>; ils/elles aboy<u>èrent</u>/aboy<u>aient</u> - barked
16. j'accompagn<u>ai</u>/accompagn<u>ais</u>; tu accompagn<u>as</u>/accompagn<u>ais</u>; il/elle accompagn<u>a</u>/accompagn<u>ait</u>; nous accompagn<u>âmes</u>/accompagn<u>ions</u>; vous accompagn<u>âtes</u>/accompagn<u>iez</u>; ils/elles accompagn<u>èrent</u>/accompagn<u>aient</u> - accompanied
17. j'attend<u>is</u>/attend<u>ais</u>; tu attend<u>is</u>/attend<u>ais</u>; il/elle attend<u>it</u>/attend<u>ait</u>; nous attend<u>îmes</u>/attend<u>ions</u>; vous attend<u>îtes</u>/attend<u>iez</u>; ils/elles attend<u>irent</u>/attend<u>aient</u> - waited
18. je cach<u>ai</u>/cach<u>ais</u>; tu cach<u>as</u>/cach<u>ais</u>; il/elle cach<u>a</u>/cach<u>ait</u>; nous cach<u>âmes</u>/cach<u>ions</u>; vous cach<u>âtes</u>/cach<u>iez</u>; ils/elles cach<u>èrent</u>/cach<u>aient</u> - hid
19. je compr<u>is</u>/compren<u>ais</u>; tu compr<u>is</u>/compren<u>ais</u>; il/elle compr<u>it</u>/compren<u>ait</u>; nous compr<u>îmes</u>/compren<u>ions</u>; vous compr<u>îtes</u>/compren<u>iez</u>; ils/elles compr<u>irent</u>/compren<u>aient</u> - understood
20. je conduis<u>is</u>/conduis<u>ais</u>; tu conduis<u>is</u>/conduis<u>ais</u>; il/elle conduis<u>it</u>/conduis<u>ait</u>; nous conduis<u>îmes</u>/conduis<u>ions</u>; vous

conduis<u>îtes</u>/conduis<u>iez</u>; ils/elles conduis<u>irent</u>/conduis<u>aient</u> - drove
21. je démarr<u>ai</u>/démarr<u>ais</u>; tu démarr<u>as</u>/démarr<u>ais</u>; il/elle démarr<u>a</u>/démarr<u>ait</u>; nous démarr<u>âmes</u>/démarr<u>ions</u>; vous démarr<u>âtes</u>/démarr<u>iez</u>; ils/elles démarr<u>èrent</u>/démarr<u>aient</u> - started (the engine); commen<u>cer</u> (same model) - started (to drive)
22. je ferm<u>ai</u>; tu ferm<u>as</u>; il/elle ferm<u>a</u>; nous ferm<u>âmes</u>; vous ferm<u>âtes</u>; ils/elles ferm<u>èrent</u>- closed (past simple)
23. je f<u>is</u>/fais<u>ais</u>; tu f<u>is</u>/fais<u>ais</u>; il/elle f<u>it</u>/fais<u>ait</u>; nous f<u>îmes</u>/fais<u>ions</u>; vous f<u>îtes</u>/fais<u>iez</u>; ils/elles f<u>irent</u>/fais<u>aient</u>- did
24. je march<u>ai</u>/march<u>ais</u>; tu march<u>as</u>/march<u>ais</u>; il/elle march<u>a</u>/march<u>ait</u>; nous march<u>âmes</u>/march<u>ions</u>; vous march<u>âtes</u>/march<u>iez</u>; ils/elles march<u>èrent</u>/march<u>aient</u> - stepped
25. je me dépêch<u>ai</u>/dépêch<u>ais</u>; tu te dépêch<u>as</u>/dépêch<u>ais</u>; il/elle se dépêch<u>a</u>/dépêch<u>ait</u>; nous nous dépêch<u>âmes</u>/dépêch<u>ions</u>; vous vous dépêch<u>âtes</u>/dépêch<u>iez</u>; ils/elles se dépêch<u>èrent</u>/dépêch<u>aient</u> - rushed
26. je montr<u>ai</u>/montr<u>ais</u>; tu montr<u>as</u>/montr<u>ais</u>; il/elle montr<u>a</u>/montr<u>ait</u>; nous montr<u>âmes</u>/montr<u>ions</u>; vous montr<u>âtes</u>/montr<u>iez</u>; ils/elles montr<u>èrent</u>/montr<u>aient</u> - showed
27. je pleur<u>ai</u>/pleur<u>ais</u>; tu pleur<u>as</u>/pleur<u>ais</u>; il/elle pleur<u>a</u>/pleur<u>ait</u>; nous pleur<u>âmes</u>/pleur<u>ions</u>; vous pleur<u>âtes</u>/pleur<u>iez</u>; ils/elles pleur<u>èrent</u>/pleur<u>aient</u> - cried
28. j'essay<u>ai</u>/essay<u>ais</u>; tu essay<u>as</u>/essay<u>ais</u>; il/elle essay<u>a</u>/essay<u>ait</u>; nous essay<u>âmes</u>/essay<u>ions</u>; vous essay<u>âtes</u>/essay<u>iez</u>; ils/elles essay<u>èrent</u>/essay<u>aient</u> - tried
29. j'ouvr<u>is</u>/ouvr<u>ais</u>; tu ouvr<u>is</u>/ouvr<u>ais</u>; il/elle ouvr<u>it</u>/ouvr<u>ait</u>; nous ouvr<u>îmes</u>/ouvr<u>ions</u>; vous ouvr<u>îtes</u>/ouvr<u>iez</u>; ils/elles ouvr<u>irent</u>/ouvr<u>aient</u> - opened
30. limite, une - limit
31. menottes, des - handcuffs
32. microphone, un - microphone
33. mince - damn
34. officier, un - officer
35. police, la - police
36. policier, un - policeman, policier (M), policière (F) - police (adj)
37. poursuite, une - pursuit
38. prix, un - price
39. reçu, un; ticket, un - receipt, ticket
40. rencontrait, rencontra - met
41. se lever - to get up
42. sécher - to dry, sec (M), sèche (F) - dry (adj)
43. sergent, un - sergeant
44. sirène, une - siren
45. tout le monde - everybody
46. vitesse, la - speed, enfreindre un règlement - to break a rule, chauffard, un - speeder, en excès de vitesse - speeding
47. vitrine de magasin - shop window
48. voleur, un; voleuse, une - thief, voleurs, des; voleuses, des - thieves

 **B**

La patrouille de police (partie 1)

Le jour suivant, Robert et Bernard arrivèrent au bâtiment du journal « Les nouvelles de Bordeaux » à dix-sept heures. La voiture de police les attendait déjà.

The police patrol (part 1)

Robert and Bernard arrived at the building of the newspaper "Bordeaux News" at seventeen o'clock next day. The police car

Un policier sortit de la voiture.

« Bonjour. Je suis le sergent Roland Marchal », dit-il quand Bernard et Robert vinrent vers la voiture.

« Bonjour. Enchanté de vous rencontrer. Je m'appelle Robert. Nous devons vous accompagner aujourd'hui », répondit Robert.

« Bonjour. Moi, c'est Bernard. Nous avez-vous attendu longtemps? » demanda Bernard.

« Non. je viens juste d'arriver ici. Montons dans la voiture. Nous commençons une patrouille de la ville maintenant », dit le policier. Ils montèrent tous dans la voiture de police.

« Accompagnez-vous une patrouille de police pour la première fois? » demanda le sergent Marchal en démarrant le moteur.

« Nous n'avons jamais accompagné une patrouille de police », répondit Bernard.

À ce moment, la radio de la police commença à parler.

« Attention P11 et P07! Une voiture bleue est en excès de vitesse le long de la rue Pelleport ».

« P07 bien reçu, dit le sergent Marchal dans le microphone. Ensuite, il dit aux garçons: Le numéro de notre voiture est P07 ». Une grosse voiture bleue se dépêchait en passant devant eux à très grande vitesse. Roland Marchal prit à nouveau le micro et dit: « Ici P07,. Je vois la voiture bleue en excès de vitesse. Je commence la poursuite, puis il dit aux garçons, Attachez vos ceintures ». La voiture de police démarra rapidement. Le sergent appuya à fond sur l'accélérateur et alluma les sirènes. Ils se foncèrent avec les sirènes hurlantes en passant devant les bâtiments, les voitures et les bus. Roland Marchal fit arrêter la voiture. Le sergent sortit de la voiture et alla vers le chauffard. Bernard et Robert le suivirent.

« Je suis l'officier de police Roland Marchal. Montrez-moi votre permis de conduire, s'il vous plaît », dit le policier au chauffard.

« Voici mon permis de conduire, le conducteur montra son permis de conduire, Et quel est le problème? » dit-il en colère.

« Vous conduisiez à travers la ville à une vitesse de cent vingt kilomètres heure. La vitesse limite est cinquante », dit le sergent.

« Ah, c'est ça. Vous voyez, je viens juste de laver ma

was waiting for them already. A policeman got out of the car.

"Hello. I am sergeant Roland Marchal." he said when Bernard and Robert came to the car.

"Hello. Glad to meet you. My name is Robert. We must accompany you." Robert answered.

"Hello. I am Bernard. Were you waiting long for us?" Bernard asked.

"No. I have just arrived here. Let us get into the car. We begin city patrolling now," the policeman said. They all got into the police car.

"Are you accompanying a police patrol for the first time?" sergeant Marchal asked starting the engine.

"We have never accompanied a police patrol before." Bernard answered.

At this moment the police radio began to talk: "Attention P11 and P07! A blue car is speeding along Rue Pelleport."

"P07 got it." sergeant Marchal said in the microphone. Then he said to the boys: "The number of our car is P07." A big blue car rushed past them with very high speed. Roland Marchal took the mic again and said: "P07 is speaking. I see the speeding blue car. Begin pursuit." then he said to the boys, "Fasten your seat belts." The police car started quickly. The sergeant stepped on the gas up to the stop and switched on the siren. They rushed with the howling siren past buildings, cars and buses. Roland Marchal made the blue car stop. Sergeant got out of the car and went to the speeder. Bernard and Robert went after him.

"I am police officer Roland Marchal. Show your driving license, please." the policeman said to the speeder.

"Here is my driving license," the driver showed his driving license, "And what is the matter?" he said angrily.

"You were driving through the city with a speed of one hundred and twenty kilometers an hour. The speed limit is sixty." the sergeant said.

"Ah, this. You see, I have just washed my

voiture. Donc je conduisais un peu plus vite pour la sécher », dit l'homme d'un air rusé.

« Laver la voiture coûte-t-il cher? » demanda le policier.

« Pas beaucoup. Cela m'a coûté douze euros », dit le chauffard.

« Vous ne connaissez pas les prix, dit le sergent Marchal, Cela vous a en réalité coûté deux-cent douze euros parce que vous allez payer deux-cent euros pour le séchage de la voiture. Voici la contravention. Passez une bonne journée », dit le policier. Il donna au chauffard une contravention pour excès de vitesse de deux-cent euros et le permis de conduire et retourna à la voiture de police.

« Roland, je pense que tu as beaucoup d'expérience avec les chauffards, n'est ce pas? » demanda Bernard au policier.

« J'en ai rencontré beaucoup, dit Roland en démarrant le moteur, Au début, ils ont l'air de tigres en colère ou de renards rusés. Mais après leur avoir parlé, ils ont l'air de chatons effrayés ou de singes idiots. Comme celui de la voiture bleue ».

Pendant ce temps, une petite voiture blanche roulait doucement le long d'une rue, pas loin du parc de la ville. La voiture s'arrêta à côté d'un magasin. Un homme et une femme sortirent de la voiture et allèrent jusqu'au magasin. Il était fermé. L'homme regarda autour. Puis il sortit des clés rapidement et essaya d'ouvrir la portière. Enfin, il l'ouvrit et ils entrèrent à l'intérieur.

« Regarde! Il y a tellement de robes », dit la femme. Elle sortit un grand sac et commença à y mettre de tout. Quand le sac fut plein, elle l'amena à la voiture et revint.

« Prends tout vite! Oh! Quel merveilleux chapeau! » dit l'homme. Il prit un grand chapeau noir de la vitrine du magasin et le mit.

« Regarde cette robe rouge! Je l'aime tant! » dit la femme qui mit rapidement la robe rouge. Elle n'avaitplus de sacs. Alors, elle prit plus de choses dans ses mains, courut vers l'extérieur et les mit sur la voiture. Puis elle courut à l'intérieur pour amener plus de choses.

car. So I was driving a little faster to dry it up," the man said with a sly smile.

"Does it cost much to wash the car?" the policeman asked.

"Not much. It cost twelve euro," the speeder said.

"You do not know the prices," sergeant Marchal said, "It really cost you two hundred and twelve euro because you will pay two hundred euro for drying the car. Here is the ticket. Have a nice day," the policeman said. He gave a speeding ticket for two hundred euro and the driving license to the speeder and went back to the police car.

"Roland, I think you have lots of experiences with speeders, haven't you?" Bernard asked the policeman.

"I have met many of them," Roland said starting the engine. "At first they look like angry tigers or sly foxes. But after I speak with them, they look like afraid kittens or silly monkeys. Like that one in the blue car."

Meanwhile a little white car was slowly driving along a street not far from the city park. The car stopped near a shop. A man and a woman got out of the car and went up to the shop. It was closed. The man looked around. Then he quickly took out some keys and tried to open the door. At last he opened it and they went inside.

"Look! There are so many dresses here!" the woman said. She took out a big bag and began to put in everything there. When the bag was full, she took it to the car and came back.

"Take everything quickly! Oh! What a wonderful hat!" the man said. He took from the shop window a big black hat and put it on.

"Look at this red dress! I like it so much!" the woman said and quickly put on the red dress. She did not have more bags. So she took more things in her hands, ran outside and put them on the car. Then she ran inside to bring more things.

The police car P07 was slowly driving along

La voiture de police P07 conduisait doucement le long du parc de la ville quand la radio commença à parler: « Attention à toutes les patrouilles. Nous avons eu une alerte de braquage d'un magasin à côté du parc de la ville. L'adresse du magasin est le 72 rue del Parco ».
« P07 bien reçu, dit Roland dans le micro, Je suis très près de cette place. J'y vais ». Ils trouvèrent très rapidement le magasin et s'arrêtèrent près de la voiture blanche. Puis il sortirent de la voiture et se cachèrent derrière. La femme dans sa nouvelle robe rouge courut hors du magasin. Elle plaça des robes sur la voiture de police et courut vers le magasin. La femme le fit très rapidement. Elle ne vit pas que c'était une voiture de police.
« Mince alors! J'ai oublié mon arme au poste de police! » dit Roland. Robert et Bernard regardèrent le sergent Marchal puis l'un l'autre avec surprise. Le policier était si confus que Bernard et Robert comprirent qu'ils devaient l'aider. La femme courut à nouveau en dehors du magasin, mit des robes sur la voiture de police et revint en courant. Puis Bernard dit à Roland: « Nous pouvons faire semblant d'avoir des armes ».
« Faisons cela, répondit Roland, Mais ne vous levez pas. Les voleurs pourraient avoir des armes, dit-il puis il cria, C'est la police qui vous parle! Tout le monde à l'intérieur du magasin! Levez les mains et sortez doucement un par un hors du magasin! »
Ils attendirent une minute. Personne ne sortit. Puis Robert eut une idée.
« Si vous ne sortez pas maintenant, nous allons lancer le chien policier sur vous! » cria-t-il puis il aboya comme un grand chien en colère. Les voleurs coururent immédiatement les mains en l'air. Rapidement, Roland leur mit des menottes et les amena à la voiture de police. Ensuite, il dit à Robert: « C'était une bonne idée de prétendre que nous avions un chien! Tu vois, j'ai déjà oublié mon arme deux fois. S'ils apprennent que je l'ai oubliée pour la troisième fois, ils risquent de me virer ou de me faire faire du travail de bureau. Tu ne le diras à personne, n'est ce pas? »
« Bien sûr que non! » dit Robert
« Jamais », dit Bernard.

the city park when the radio began to talk: "Attention all patrols. We have got a robbery alarm from a shop near the city park. The address of the shop is 72 Rue Furtado."
"P07 got it," Roland said in the mic, "I am very close to this place. Drive there." They found the shop very quickly and drove up to the white car. Then they got out of the car and hid behind it. The woman in new red dress ran out of the shop. She put some dresses on the police car and ran back in the shop. The woman did it very quickly. She did not see that it was a police car!
"Damn it! I forgot my gun in the police station!" Roland said. Robert and Bernard looked at the sergeant Marchal and then surprised at each other. The policeman was so confused that Bernard and Robert understood they must help him. The woman ran out of the shop again, put some dresses on the police car and ran back. Then Bernard said to Roland: "We can pretend that we have guns."
"Let's do it." Roland answered. "But you do not get up. The thieves may have guns," he said and then cried, "This is the police speaking! Everybody who is inside the shop! Put your hands up and come slowly one by one out of the shop!"
They waited for a minute. Nobody came out. Then Robert had an idea.
"If you will not come out now, we will set the police dog on you!" he cried and then barked like a big angry dog. The thieves ran out with hands up immediately. Roland quickly put handcuffs on them and got them to the police car. Then he said to Robert: "It was a great idea pretending that we have a dog! You see, I have forgotten my gun two times already. If they learn that I have forgotten it for the third time, they may fire me or make me do office work. You will not tell anybody about it, will you?"
"Sure, not!" Robert said.
"Never." Bernard said.
"Thank you very much for helping me, guys!" Roland shook their hands strongly.

« Merci beaucoup de m'avoir aidé, les gars! » Roland secoua leurs mains avec force.

28

La patrouille de police (partie 2)
The police patrol (part 2)

A

Mots

1. à qui - whose
2. appu<u>yer</u> - to press
3. argent - cash; caisse enregistreuse, une - cash register
4. autant, aussi, également - either, too, also
5. Banque Express - Express Bank
6. bouton, un - button
7. cass<u>er</u> en tapant - to break by hitting
8. centre commercial, un - shopping center
9. coffre-fort, un - safe
10. encore - yet
11. excus<u>er</u> - to excuse; Excusez-moi.(formal) /Excuse-moi (informal) - Excuse me.
12. guichetier, un; guichetière, une - cashier, teller
13. habituel (M), habituell<u>e</u> (F) - usual
14. hier - yesterday
15. hommes, les - men
16. inconscient (M), inconscient<u>e</u> (F) - unconscious
17. intelligent (M), intelligent<u>e</u> (F) - clever
18. je répond<u>is</u>/répond<u>ais</u>; tu répond<u>is</u>/répond<u>ais</u>; il/elle répond<u>it</u>/répond<u>ait</u>; nous répond<u>îmes</u>/répond<u>ions</u>; vous répond<u>îtes</u>/répond<u>iez</u>; ils/elles répond<u>irent</u>/répond<u>aient</u> - answered
19. je sonn<u>ai</u>/sonn<u>ais</u>; tu sonn<u>as</u>/sonn<u>ais</u>; il/elle sonn<u>a</u>/sonn<u>ait</u>; nous sonn<u>âmes</u>/sonn<u>ions</u>; vous sonn<u>âtes</u>/sonn<u>iez</u>; ils/elles sonn<u>èrent</u>/sonn<u>aient</u> - rang
20. je tir<u>ai</u>/cach<u>ais</u>; tu tir<u>as</u>/tir<u>ais</u>; il/elle tir<u>a</u>/tir<u>ait</u>; nous tir<u>âmes</u>/tir<u>ions</u>; vous

tir<u>âtes</u>/tir<u>iez</u>; ils/elles tir<u>èrent</u>/tir<u>aient</u>
...sur (quelqu'un) - shot (smbd)
21. je v<u>is</u>/ven<u>ais</u>; tu v<u>is</u>/ven<u>ais</u>; il/elle v<u>it</u>/ven<u>ait</u>; nous v<u>îmes</u>/ven<u>ions</u>; vous v<u>îtes</u>/ven<u>iez</u>; ils/elles v<u>irent</u>/ven<u>aient</u> - saw
22. j'ouvr<u>is</u>/ouvr<u>ais</u>; tu ouvr<u>is</u>/ouvr<u>ais</u>; il/elle ouvr<u>it</u>/ouvr<u>ait</u>; nous ouvr<u>îmes</u>/ouvr<u>ions</u>; vous ouvr<u>îtes</u>/ouvr<u>iez</u>; ils/elles ouvr<u>irent</u>/ouvr<u>aient</u> - opened
23. madame - madam
24. met<u>tre</u> dans - to put into
25. mobile - mobile
26. mon, le mien - my, mine
27. monsieur - mister
28. parti (M), parti<u>e</u> (F) - gone
29. poche, une - pocket
30. pris (M), pris<u>e</u> (F) - taken
31. protég<u>er</u> - to protect
32. quelqu'un - somebody
33. rarement - seldom
34. ricochet, un - ricochet
35. secrètement - secretly
36. sincèrement - sincerely
37. téléphone, un - phone; téléphoner - to telephone
38. ton, ta, tes (informal)/ votre, vos (formal) / le tien, la tienne, les tiens - your, yours
39. tourna - turned
40. tourner la tête ailleurs - to turn one's head away
41. verre, du - glass
42. volé (M), volé<u>e</u> (F) - stolen

B

La patrouille de police (partie 2)

The police patrol (part 2)

Le jour suivant, Robert et Bernard accompagnaient à nouveau Roland. Ils étaient debout à côté d'un grand centre commercial quand une femme vint vers eux.
« Pourriez-vous m'aider? » demanda-t-elle.
« Bien sûr, madame. Qu'est-il arrivé? » demanda Roland.
« Mon téléphone mobile a disparu. Je crois qu'il a été volé ».
« A-t-il été utilisé aujourd'hui? » demanda le policier.
« Je l'ai utilisé avant de sortir du centre commercial », répondit-elle.
« Entrons à l'intérieur », dit Roland. Ils entrèrent dans le centre commercial et regardèrent autour. Il y avait beaucoup de gens.
« Essayons une vieille astuce, dit Roland en sortant son propre téléphone, Quel est votre numéro de téléphone? » demanda-t-il à la femme. Elle le lui dit et il appela son numéro de téléphone. Un téléphone mobile sonna pas loin d'eux. Ils allèrent à l'endroit où il sonnait. Il y avait la queue. Un homme dans la queue regarda le policier puis tourna la tête

Next day Robert and Bernard were accompanying Roland again. They were standing near a big shopping centre when a woman came to them.
"Can you help me please?" she asked.
"Sure, madam. What has happened?" Roland asked.
"My mobile phone is gone. I think it has been stolen."
"Has it been used today?" the policeman asked.
"It had been used by me before I went out of the shopping centre," she answered.
"Let's get inside," Roland said. They went into the shopping centre and looked around. There were many people there.
"Let's try an old trick," Roland said taking out his own phone, "What is your telephone number?" he asked the woman. She said and he called her telephone number. A mobile telephone rang not far from them. They went to the place where it was ringing. There was a queue there. A man in the queue looked at the policeman and then quickly turned his head

rapidement Le policier se rapprocha, écoutant attentivement. Le téléphone sonnait dans la poche de l'homme.

« Excusez moi », dit Roland. L'homme le regarda.
« Excusez moi, votre téléphone sonne », dit Roland.
« Où ça? » dit l'homme.
« Là, dans votre poche », dit Roland.
« Non, il ne sonne pas », dit l'homme.
« Oui, il sonne », dit Roland.
« Ce n'est pas le mien », dit l'homme.
« Alors, à qui appartient le téléphone qui sonne dans votre poche? » demanda Roland.
« Je ne sais pas », répondit l'homme.
« Laissez-moi voir, s'il vous plaît », dit Roland qui sortit le téléphone de la poche de l'homme.
« Oh, c'est le mien! » cria la femme.
« Prenez votre téléphone, madame », dit Roland qui le lui donna.
« Puis-je, monsieur? » demanda Roland qui mit à nouveau sa main dans la poche de l'homme. Il sortit un autre téléphone, puis un de plus.
« Ne sont-ils pas à vous non plus? » demanda Roland à l'homme.
L'homme secoua la tête en regardant ailleurs.
« Quels étranges téléphones! cria Roland, Ils ont fui leurs propriétaires en courant et ont sauté dans la poche de cet homme! Et maintenant ils sonnent dans sa poche, n'est ce pas? »
« Oui, c'est ça » dit l'homme.
« Vous savez, mon travail est de protéger les gens. Et je vais vous protéger d'eux. Entrez dans ma voiture et je vais vous amener à l'endroit où aucun téléphone ne peut sauter dans votre poche. Nous allons au poste de police », dit le policier. Puis il prit l'homme par le bras et l'amena à la voiture de police
« J'aime les criminels idiots », Roland Marchal sourit après qu'ils aient amené le voleur au poste de police.
« En as-tu rencontré des intelligents? » demanda Bernard.
« Oui, j'en ai déjà rencontré. Mais très rarement, répondit le policier, Parce qu'il est très difficile d'attraper un criminel intelligent ».

away. The policeman came closer listening carefully. The telephone was ringing in the man's pocket.

"Excuse me," Roland said. The man looked at him.
"Excuse me, your telephone is ringing," Roland said.
"Where?" the man said.
"Here, in your pocket," Roland said.
"No, it is not," the man said.
"Yes, it is," Roland said
"It is not mine," the man said.
"Then whose telephone is ringing in your pocket?" Roland asked.
"I do not know," the man answered.
"Let me see, please," Roland said and took the telephone out of the man's pocket.
"Oh, it is mine!" the woman cried.
"Take your telephone, madam," Roland said giving it to her.
"May I, sir?" Roland asked and put his hand in the man's pocket again. He took out another telephone, and then one more.
"Are they not yours either?" Roland asked the man.
The man shook his head looking away.
"What strange telephones!" Roland cried, "They ran away from their owners and jumped into the pockets of this man! And now they are ringing in his pockets, aren't they?"
"Yes, they are," the man said.
"You know, my job is to protect people. And I will protect you from them. Get in my car and I will bring you to the place where no telephone can jump in your pocket. We go to the police station," the policeman said. Then he took the man by the arm and took him to the police car.
"I like silly criminals," Roland Marchal smiled after they had taken the thief to the police station.
"Have you met smart ones?" Bernard asked.
"Yes, I have. But very seldom," the policeman answered. "Because it is very hard to catch a smart criminal."

Meanwhile two men came into the Express Bank. One of them took a place in a queue.

Pendant ce temps, deux hommes entrèrent dans la Banque Express. L'un d'entre eux prit une place dans la queue. Un autre vint vers la caisse et donna un papier au guichetier. Le guichetier prit le papier et lut:
« Cher camarade,
Ceci est un braquage de la Banque Express. Donnez-moi tout l'argent. Si vous ne le faites pas, j'utiliserai mon arme. - Je vous remercie.
Sincèrement;
Xavier »
« Je crois que je peux vous aider, dit le guichetier en appuyant secrètement sur le bouton d'alarme, Mais l'argent a été placé par moi-même hier dans un coffre-fort. Le coffre-fort n'a pas encore été ouvert. Je vais demander à quelqu'un d'ouvrir le coffre-fort et d'amener l'argent. D'accord? »
« D'accord. Mais faites vite! » répondit le braqueur.
« Dois-je faire une tasse de café pendant que l'argent est mis dans les sacs? » demanda le guichetier.
« Non merci. Juste l'argent », répondit le braqueur.

La radio dans la voiture de police P07 commença à parler: « Attention à toutes les patrouilles. Nous avons une alerte de braquage de la Banque Express ».
« P07 bien reçu », répondit le sergent Marchal. Il mis les gaz et la voiture démarra rapidement. Quand ils arrivèrent à la banque, il n'y avait encore aucune voiture de police.
« Nous allons faire un rapport intéressant si nous allons à l'intérieur », dit Bernard.
« Vous les gars, faites ce qu'il faut. Et j'entrerai à l'intérieur par la porte arrière », dit le sergent Marchal. Il sortit son arme et alla rapidement à la porte arrière de la banque. Bernard et Robert entrent dans la banque par la porte centrale. Ils virent un homme debout à côté de la caisse enregistreuse. Il mit une main dans sa poche et regardait autour. L'homme avec qui il était venu le rejoignit dans la queue.
« Où est l'argent? » demanda-t-il à Xavier.
« Victor, le guichetier a dit qu'ils le mettaient dans des sacs », répondit un autre braqueur.

Another one came up to the cash register and gave a paper to the cashier. The cashier took the paper and read:
"Dear comrade,
this is a robbery of the Express Bank. Give me all the cash. If you do not, then I will use my gun. Thank you.
Sincerely yours,
Xavier"
"I think I can help you," the cashier said pressing secretly the alarm button, "But the money had been locked by me in the safe yesterday. The safe has not been opened yet. I will ask somebody to open the safe and bring the money. Okay?"
"Okay. But do it quickly!" the robber answered.
"Shall I make you a cup of coffee while the money is being put in bags?" the cashier asked.
"No, thank you. Just money," the robber answered.

The radio in the police car P07 began to talk: "Attention all the patrols. We have got a robbery alarm from the Express Bank."
"P07 got it," sergeant Marchal answered. He stepped on the gas up to the stop and the car started quickly. When they drove up to the bank, there was no other police car yet.
"We will make an interesting report if we go inside," Bernard said.
"You guys do what you need. And I will come inside through the back door," sergeant Marchal said. He took out his gun and went quickly to the back door of the bank. Bernard and Robert came into the bank through the central door. They saw a man standing near the cash register. He put one hand in his pocket and looked around. The man who came with him, stepped away from the queue and came up to him.
"Were is the money?" he asked Xavier.
"Victor, the cashier has said that it is being put in bags," another robber answered.
"I am tired of waiting!" Victor said. He took out a gun and pointed it to the cashier, "Bring

« Je suis fatigué d'attendre! » dit Victor. Il prit une arme et la dirigea vers le guichetier. « Apportez tout l'argent maintenant! » cria le braqueur au guichetier. Puis il vint au milieu de la pièce et cria: « Écoutez tous! Ceci est un braquage! Personne ne bouge! » À ce moment, quelqu'un près de la caisse bougea. Le voleur avec l'arme tira dessus sans regarder. Un autre braqueur tomba par terre et cria: « Victor! Espèce d'idiot! Mince alors! Tu m'as tiré dessus! » « Oh, Xavier! Je n'avais pas vu que c'était toi! » dit Victor. À ce moment, le guichetier sortit rapidement en courant.

« Le guichetier est parti en courant et l'argent n'a pas encore été ammené! » cria Victor à Xavier; La police pourrait arriver bientôt! Que pouvons nous faire? »

« Prends quelque chose de grand, casse la vitre et prends l'argent. Rapidement! » cria Xavier. Victor prit une chaise de métal et tapa sur la vitre de la caisse. Ce n'était évidemment pas une vitre habituelle et elle ne cassait pas. Mais la chaise ricocha et heurta la tête du! Il tomba par terre, inconscient. À ce moment, le sergent Marchal couru à l'intérieur et mit rapidement les menottes aux braqueurs. Il se tourna vers Bernard et Robert.

« Je le disais bien! La plupart des criminels sont idiots! » dit-il.

all the money now!" the robber cried at the cashier. Then he went to the middle of the room and cried: "Listen all! This is a robbery! Nobody move!" At this moment somebody near the cash register moved. The robber with the gun without looking shot at him. Another robber fell on the floor and cried: "Victor! You silly monkey! Damn it! You have shot me!"

"Oh, Xavier! I did not see that it was you!" Victor said. At this moment the cashier quickly ran out.

"The cashier has run away and the money has not been taken here yet!" Victor cried to Xavier. "The police may arrive soon! What shall we do?"

"Take something big, break the glass and take the money. Quickly!" Xavier cried. Victor took a metal chair and hit the glass of the cash register. It was of course not usual glass and it did not break. But the chair went back by ricochet and hit the robber on the head! He fell on the floor unconsciously. At this moment sergeant Marchal ran inside and quickly put handcuffs on the robbers. He turned to Bernard and Robert.

"I did say! Most criminals are just silly!" he said.

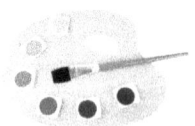

29

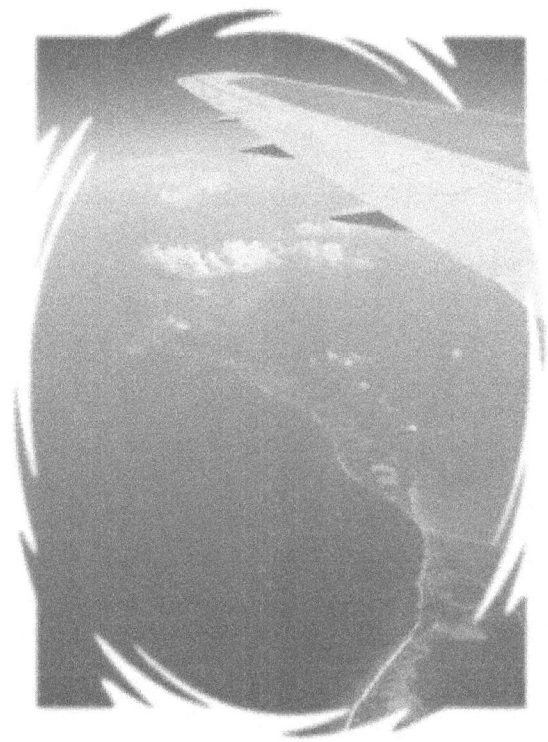

FLEX et Au pair
FLEX and Au pair

A

Mots

1. à partir de, depuis - since (time point)
2. accord, un; contrat, un - agreement
3. aîné, un - elder
4. alors que, depuis - as, since
5. apprenant - learning
6. au pair; jeune au pair, un - au pair
7. aussi, également - also
8. campagne, la - countryside
9. changer - to change; changement - change
10. choisit - choses
11. compétition, une - competition
12. cours, un - course
13. d'accueil - host
14. date, une - date
15. deux fois - twice
16. email, courriel - e-mail
17. envoyé - sent
18. espoir, un - hope; espérer - to hope
19. Eurasie - Eurasia
20. fille, une - daughter
21. FLEX - FLEX
22. injuste - unfair
23. j'appelai/appelais; tu appelas/appelais; il/elle appela/appelait; nous appelâmes/appelions; vous

appelâtes/appeliez; ils/elles appelèrent/appelaient - called
24. je passai/passais; tu passas/passais; il/elle passa/passait; nous passâmes/passions; vous passâtes/passiez; ils/elles passèrent/passaient - passed
25. je visitai/visitais; tu visitas/visitais; il/elle visita/visitait; nous visitâmes/visitions; vous visitâtes/visitiez; ils/elles visitèrent/visitaient - visited
26. j'écrivis/écrivais; tu écrivis/écrivait; il/elle écrivait; nous écrivîmes/écrivions; vous écrivîtes/écriviez; ils/elles écrivirent/écrivaient - wrote
27. j'habitai/habitais; tu habitas/habitais; il/elle habita/habitait; nous habitâmes/habitions; vous habitâtes/habitiez; ils/elles habitèrent/habitaient - lived
28. joindre - to join
29. le plus près - nearest
30. lettre, une - letter
31. participant, un - participant
32. payé - paid
33. pays, un - country (state)
34. personne, une - person
35. plateau - food, board
36. possibilité, une - possibility
37. problème, un - problem
38. servant, un (M), servante, une(F) - servant
39. site Internet, un - Internet site
40. standard, aux normes - standard
41. une fois - once
42. village, un - village
43. vrai - right

B

FLEX et Au pair

La sœur, le frère et les parents de Robert vivaient a Allemagne. Ils vivaient à Hannover. La sœur s'appelait Gabi. Elle avait vingt ans. Elle apprenait le français depuis ses onze ans. Quand Gabi eut quinze ans, elle voulut prendre part au programme FLEX. FLEX donne la possibilité au lycéens venant des USA et de l'Eurasie de passer un an en France, de vivre dans une famille d'accueil et d'étudier dans une école française. Le programme est gratuit. Les tickets d'avion, la vie en famille, la nourriture, les études en école française sont payées par FLEX. Mais au moment où elle eut l'information sur le site internet la dâte limite était déjà passée
Alors elle s'informa sur le programme au pair. Ce programme donne à ses participants la possibilité de passer une année ou deux dans un autre pays, de vivre avec une famille d'accueil, de s'occuper des enfants et de prendre cours de langue. Étant donné que Robert étudiait à Bordeaux, Gabi lui écrivit un email. Elle lui

FLEX and Au pair

Robert's sister, brother and parents lived in Germany. They lived in Hannover. The sister's name was Gabi. She was twenty years old. She had learned French since she was eleven years old. When Gabi was fifteen years old, she wanted to take part in the program FLEX. FLEX gives the possibility for some high school students from the USA and Eurasia to spend a year in France, living with a host family and studying in an French school. The program is free. Airplane tickets, living with a family, food, studying at French school are paid by France. But by the time when she got the information about the competition date from the Internet site, the competition day had passed.
Then she learned about the program au pair. This program gives its participants the possibility to spend a year or two in another country living with a host family, looking

demanda de trouver pour elle une famille d'accueil en France.

Robert regarda dans des journaux et sur des sites Internet avec des annonces. Il trouva des familles d'accueil en France sur http://www.aupair-world.net/. Ensuite, Robert rendit visite à une agence de jeunes au pair à Bordeaux. Il fut pris en charge par une femme. Elle s'appelait Alice Comu.

« Ma sœur vient d'Allemagne. Elle aimerait bien être jeune fille au pair chez une famille française. Pourriez-vous m'aider à ce sujet? » demanda Robert à Alice.

« Je serai ravi de vous aider. Nous plaçons des jeunes au pair dans des familles de toute la France. Un jeune au pair est une personne qui rejoint une famille d'accueil pour aider à la maison et s'occuper des enfants. La famille d'accueil donne au jeune au pair de la nourriture, une chambre et de l'argent de poche. L'argent de poche peut aller de 200 à 600 euros. La famille d'accueil doit aussi payer des cours de langue au jeune au pair », dit Alice.

« Y a t-il de bonnes et de mauvaises familles? » demanda Robert.

« Il y a deux problèmes pour choisir une famille. Premièrement, certaines familles pensent qu'une au pair est une servante qui doit tout faire à la maison, y compris cuisiner pour tous les membres de la famille, nettoyer, laver, travailler dans le jardin...etc. Mais un jeune au pair n'est pas un servant. Un jeune au pair est comme la fille ou le fils aîné de la famille qui aide les parents à s'occuper des enfants plus jeunes. Pour protéger leurs droits, les jeunes au pair doivent établir un accord avec la famille d'accueil. N'y croyez pas lorsque des agences au pair ou des familles d'accueil disent qu'ils utilisent un accord « standard ». Il n'y a pas d'accord standard. Le jeune au pair peut changer n'importe quelle partie de l'accord s'il est injuste. Tout ce qu'un au pair et une famille d'accueil feront doit être écrit dans un accord.

Voici le second problème: Certaines familles vivent dans de petits villages où il n'y a pas de cours de langues et peu d'endroits où un jeune au pair peut aller pendant son temps-libre. Dans cette situation, il est nécessaire d'inclure dans l'accord que la famille d'accueil doit payer des tickets aller-retour vers la

grande ville la plus proche lorsque le jeune au pair y va. Cela peut être pour une ou deux fois par semaine ».
« Je vois. Ma sœur aimerait aller dans une famille à Bordeaux. Pourriez-vous trouver une bonne famille dans cette ville? » demanda Robert.
« Bien, en ce moment, il y a environ vingt familles de Bordeaux », répondit Alice. Elle appela certaines d'entre elles. Les familles d'accueil étaient enchantées d'avoir une au pair venant d'Allemagne. La plupart des familles voulaient avoir une lettre avec une photographie de Gabi. Certaines d'entre elles voulaient aussi l'appeler pour être certains qu'elle sache parler un peu le français. Alors Robert leur donna son numéro de téléphone.
Certaines familles d'accueil appelèrent Gabi. Puis elle leur envoya des lettres. Elle choisit une famille appropriée et avec l'aide d'Alice, établit un accord avec eux. Enfin, Gabi partit en France, pleine d'espoirs et de rêves.

it is necessary to include in the agreement that the host family must pay for two way tickets to the nearest big town when the au pair goes there. It may be once or twice a week."
"I see. My sister would like a family from Bordeaux. Can you find a good family in this city?" Robert asked.
"Well, there are about twenty families from Bordeaux now," Alice answered. She telephoned some of them. The host families were glad to have an au pair from Germany. Most of the families wanted to get a letter with a photograph from Gabi. Some of them also wanted to telephone her to be sure that she can speak French a little. So Robert gave them her telephone number.
Some host families called Gabi. Then she sent them letters. She chose a suitable family and with the help of Alice worked out an agreement with them. At last Gabi started for France full of hopes and dreams.

* * *

French-English dictionary

à - at, à une heure - at one o'clock
a - has; Il a un livre. - He has a book.
à André / d' André - André's
à côté de, près d'ici - close, nearby
à Robert / de Robert - Robert's
à la mère / de la mère - mother's
à l'instant - just now
à partir de, depuis - since (time point)
à Bernard / de Bernard - Bernard's; le livre de Bernard - Bernard's book
à peu près, environ - approximately, about
à pied - on foot
à propos - by the way
à qui - whose
à suivre - to be continued
à, au, vers - to; Je vais à la banque. - I go to the bank.
à, chez - at
abandonner - to give up
accepter - to agree
accident, un - accident
accompagner - to accompany
accord, un; contrat, un - agreement
accueillir - to greet
achat, un - purchase
acheter - to buy
adresse, une - address
âge, un - age
agence - agency
ah.. - ah..
aide, une - help, helper; aider - to help
aimer, apprécier - like, enjoy; Je l'apprécie. - I like her. (She is liked by me)
aîné, un - elder
air, l' - air
alerte, une - alarm
Allemagne, l' - Germany
aller - go
aller - to go; partir, s'en aller - to go (away)
aller en/conduire - to go by, to ride; aller en bus/prendre le bus - to go by bus
aller: Je vais, tu vas, il/elle va, nous allons, vous allez, ils/elles...(+inf) - will
allonger, s'allonger (on a bed) - to lie
allumer - to turn on; éteindre - to turn off

alors que, depuis; à partir de, étant donné que - as, since
amenant - bringing
amener - to bring; amener (quelque part) - take somewhere
Américain, un; Américaine, une; américain, américaine (adj) - American
ami, un; amie, une - friend
amical (M), amicale (F) - friendly
amour, l' - love, aimer - to love
analyse, une - analyse
André - André (name)
Anglais, un; Anglaise, une; anglais, anglaise (adj) - English
animal, un; animaux, des (PL) - animal, pet
Anne - Anne (name)
année, une - year
appeler au téléphone - to call on the phone; appel, un - call; centre d'appels, un - call centre
appeler, téléphoner - to call, to phone
apprécier/bien aimer, aimer - to like, to love
apprenant - learning
apprendre - learn; apprendre à connaître quelqu'un - get to know smbd; Je suis enchanté(e) de faire votre connaissance. - I am glad to meet you.
approprié(e), correct(e), qui convient - suitable
appuyant le pied sur - stepping
appuyer - to press
après - after
après, passé, en passant devant - past; huit heures et demi - half past eight
argent - cash; caisse enregistreuse, une - cash register
argent, de l'- money
arme, une; pistolet, un - arms, gun
arrange - arrange
arriver - to arrive
art, un - art
artiste, un/une - artist
ascenseur, un - lift
aspirine, une / de l' - aspirin
assez - quite
assiette, une - plate
astérisque, un - asterisk

astuce, une; tour de passe-passe, un - trick
attache, attachez - fasten
attendre - to wait
attention - attention
attentionné (M), attentionnée (F) - careful
attentivement, soigneusement - carefully
atterrir - to land
attraper - to catch; comprendre - to catch on
au début, d'abord - at first
au lieu (+ du, de la, des) - instead of; à ta place - instead of you
au moins - at least
au pair; jeune au pair, un - au pair
au revoir - goodbye, bye
aucun, pas de - not any, no, none
au-dessus de (space), terminé (finished)- over
aujourd'hui - today
aussi, également - also, too, as well
autant, aussi, également - either, too, also
autour de - around
autre - else
autre, un - other
aux cheveux gris - gray-headed
aux femmes / des femmes - woman's
avaler - to swallow
avant (time), devant (in front of) - before
avant de faire (quelque chose) - before doing smth
avec colère, en colère - angrily
avec, à - with
aventure, une - adventure
avion, un - airplane
avoir - to have
avoir besoin, devoir - need
avoir honte - to be ashamed; il a honte - he is ashamed
avoir, recevoir, obtenir - get, receive, obtain
baleine, une - whale; orque, un - killer whale
Banque Express - Express Bank
banque, une - bank
bas, en-bas - down
bateau, un - ship
bâtiment, un - building
beau (M), belle (F), beaux, belles (PL) - beautiful
beaucoup de, beaucoup - much, many
beaucoup, beaucoup de - a lot, much, many
beurre, du - butter; beurrer - to butter

bibliothèque, une; étagère à livres, une - bookcase
bien apprendre à faire quelque chose - learn to do smth. well
bien que / quoi que (+ subj) - although
bien sûr, évidemment - of course
bien, bon - well
bien, de qualité - fine
bientôt - soon
bip, un; signal, un- beep, signal
blanc (M), blanche (F) - white
bleu (M), bleue (F) - blue
boire - to drink
boîte, une - box
bon (M), bonne (F) / bien - good
bonheur, le - happiness
bonjour, allo (phone) - hello
bord de mer, le - seashore
Bordeaux - Bordeaux (city)
bouilloire, une - kettle
bouton, un - button
braqueur, un - robber; braquage, un - robbery
bras, un - arm, (faire) un bras de fer- to arm
Brigitte - Brigitte
bureau, un - desk; office
bus, un - bus
cabinet de conseil, un - consultancy
câble, un - cable
caché(e), cache-cache - hiding, hide-n-seek
cacher - to hide
cachette, une - hiding place
cadeau, un - gift
café, un - café; coffee
cahier, un; calepin, un - notebook
cahiers, des - notebooks
caillou, un; cailloux (PL) - stone
calmement, doucement - quietly
campagne, la- countryside
capitaine, un - captain
Caroline - Caroline
carte,une; plan, un - map
Casper - Kasper (name)
casser en tapant - to break by hitting
cassette vidéo, une - videocassette
CD, un - CD
ce (M), cette (F), ça (N) - that
ce, cet (+noun); ce livre - this book / ceci (+verb), (for a non-human) - this; C'est un

chien. / Ceci est un chien. - This is a dog; voici (for human) - this; Voici Louise. - This is Louise.
ce truc - this stuff
ceintures, des - seat belts
cent - hundred
central, centraux (M), centrale, centrales(F) - central
centre commercial, un - shopping center
centre, le - centre; centre-ville, le - city centre
cérémonie, une - ceremony
certains du, de la, des, de l' - some
certains/certaines, du, de la, des, de l'; n'importe quel - some, any; n'importe quel- any of
ces- these, those
c'est pourquoi - that is why
chaise, une - chair
chambre, une (hotel or bed); pièce, une (room in a house); espace, un (space)- room
chambres, pièces - rooms
champ, un - field (in a document)
chance, une - chance
changer - to change; changement - change
chanter - sing
chanteur, un; chanteuse, une - singer
chapeau, un - hat
charger - to load; chargeur, un - loader; camion, un - truck
chat, un- cat
chaton, un - kitten
chaud (M), chaude (F) - warm
chef, le; gérant, le (firm); directeur; le (school) - the head/manager
chemin de fer, un - railway
chemin, un; passage, un - way
cher (M), chère (F) - dear
chercher - to look for
cheveux, des (PL) - hair
Chicago - Chicago
chien, un - dog
chimie, la - chemistry
chimique - chemical (adj); produits chimiques- chemicals
chiot, un - puppy
choisir - to choose
choisis, choisissez - chose
cinq - five
cinquième - fifth

classe, une - class
clavier, un - keyboard
clé / clef, une - key
client, un; cliente, une - customer
club, un - club
coffre-fort, un - safe
collègue, un/une - colleague
combien - many, much
combien, beaucoup - how many/much
combiné téléphonique, un - phone handset
comme - as, like; Comme moi. - Like me.
comme si - as if
commencer, démarrer - to start, to begin
comment - how; Comment allez-vous (formal) / Comment vas-tu? (informal) - How are you?
compétence, une - skill
compétences - skills
compétition, une - competition
complet (M), complète (F); plein de, plein d' - full
compose - dial
comprendre - to understand
comprimé, un - pill
conduire - to drive, conducteur, un - driver
conduire, être conduit, aller en... - drive, go by transp.
confus (M), confuse (F) - confused
constant (M), constante (F) - constant
consultant, un - consultant
consulter - to consult
continuer - to continue; continuait - continued
contre - against
contrôle, un; test, un - control
convenir à... - to be suitable for...
cool, super, génial - cool, great
coordination, une - co-ordination
correct (M), correcte (F) - correct; correctement - correctly; incorrectement - incorrectly; corriger - to correct
couler (le long de /vers le bas) - flow down smth.
couler, circuler - to flow
cour, une - yard
couramment - fluently (speak a lang.)
courant électrique, le / du - electric current
courant, en courant - running
courir - to run
cours, un - course
court (M), courte (F) - short

coûter - to cost
créatif (M), créative (F) - creative
création, une - composition
créer - to compose
crier, pleurer - to shout, to cry
criminel - criminal (adj), criminel, un - criminal
cristal, un; cristaux, des - crystal
croire - to believe
cuisine, une - kitchen
cuisinière, une - cooker
d'accord / entendu - agree (adj)
d'accord, OK, bien, bon - OK, well
d'accueil - host
dans - in, dans une heure - in an hour;
dans, à l'intérieur de - into; dans la rue, dehors - into the street, outside
dans, à, en - in
dans/à/en, sur, à/chez - in, on, at
danser - to dance; dansait, avait dansé - danced; dansant - dancing (particip I)
date, une - date
de chargement - loading (adj)
de cuisine, qui cuisine(nt) - cooking
de l' /par - per; Je gagne 10 euros de l'heure. - I earn 10 euro per hour.
de, des, d', de la part - from
décharger - to unload
dedans, à l'intérieur de - inside
dehors, hors de/du, à l'extérieur - outside
déjà - already
demain - tomorrow
demander - to ask; demander (quelque chose) - to ask for
démarrer (une machine/un moteur) - start a machine/engine
départ - leave
dépenser - to spend
dernier - last
derrière - behind
design, le - design
désolé (M), désolée (F) - sorry; Je suis désolé(e). - I am sorry.
détester - to hate
détruire - to destroy
détruit - destroyed
deux - two
deux fois - twice
deux-cent - two hundred

deuxième prénom - middle name
devant (in front of); avant (time) - in front, before
devant, avant - front
développer - to develop
devoir - must; Je dois partir.́ - I must go.
devoirs, les - homework
différent (M), différente (F) - different
difficile - difficult
difficile; dur (M), dure (F) - hard
Robert - Robert (name)
dimanche - Sunday; le petit-déjeuner du dimanche - Sunday breakfast
dire - to say
dirigeant, un - leader
discours, un - speech
dix - ten
dixième - tenth
dix-sept - seventeen
docteur, un - doctor
dominer - to take over
donner - to give
dormir - to sleep
dortoirs; résidences/chambres (universitaires) - dorms
doucement - slowly
douze - twelve
drôle - fun; funny
du fait de - because of, owing to
du, de la, de l', des; aucun; n'importe quel; tout - any
durer - to last
DVD - DVD
eau, de l'- water
école maternelle, une - kindergarten
école, une - school
écouter - to listen; J'écoute de la musique. - I listen to music.
écrire - to write
écrivain, un - writer
éditeur, un - editor
édition, une - publishing
éducation, l' - education
électrique - electric
elle - she
elle; son/sa/ses - her, à elle - to her
email, courriel - e-mail
embêter, s'embêter - to bother
embrasser - to kiss

employeur, un - employer
en / de caoutchouc - rubber
en composant - composing (gerund)
en dehors de, hors de, de - out of
en lisant - reading (gerund)
en marchant; marche, une - walking
en même temps - at the same time
en plein air - outdoors
enchanté (M), enchantée (F) - glad
encore - yet
encore, à nouveau - again
énergie, une/ l' - energy
enfant - child
enfants, les - children
enfin - at last
enregistrer - to record; machine à enregistrer les pensées, une - thought-recording
enseignant, un; enseignante, une - teacher
enseigner - to teach
ensemble - together
ensuite, puis, après, alors - then; après cela, après cela - after that
entraînement, un - train
entraîner - to train; entraîné (M), entraînée (F) - trained
entre - between
entreprise, une; firme, une - firm
environ, à peu près - about/appr.
envoyé - sent
épagneul, un - spaniel
équipe, une - team
escaliers, des - stairs
espace, l' - space
Espagne, l' - Spain
espoir, un - hope; espérer - to hope
essayer : j'essaie, tu essaies, il/on essaie, nous essayons, vous essayez, ils/elles essayent - try
est, se trouve - is, situated
estimer - to estimate
et - and
etc... - and so on, etc.
étoile, une - star
étrange - strange
être désolé(e) - to be sorry; Je suis désolé(e). - I am sorry.
être silencieux: je suis, tu es, il/elle est, nous sommes; vous êtes, ils/elles sont...+ silencieux / silencieuse(s) - to be silent
être/devenir reconnaissant - be/become glad
être: je suis, tu es, il/elle est, nous sommes, vous êtes, ils/elles sont - to be
étudiant, un; étudiant, étudiante (adj) - student
étudiants (M), étudiantes (F) - students
étudier - to study
Eurasie - Eurasia
euro, un - euro
eux, elles (human); celle-ci; celui-ci, celles-ci / ceux-ci (object) - them, à eux - to them
excuser - to excuse; Excusez-moi.(formal) /Excuse-moi (informal) - Excuse me.
exemple, un - example; par exemple - for example
expérience, une / de l' - experience
extra-terrestre, un - alien
fâché, en colère - angry
faim - hungry
faire - to make; bouilloire à thé, une - tea-maker
faire rire - to make laugh
faire semblant (de), prétendre - to pretend
faire: je fais, tu fais, il/elle fait, nous faisons, vous faites, ils/elles font - to do
famille, une - family
fatigué (M), fatiguée (F) - tired
favori, préféré (M); favorite, préférée(F) - favorite
féminin - female (adj)
femme, une - woman
fenêtre, une - window
fenêtres - windows
fermé (M), fermées (F) - closed (past part.)
ferme, une - farm
fermer - to close
fermier, un - farmer
feu, un - fire
fille, une - daughter
film, un - film
fils, un - son
finance, la - finance
fleur, une - flower
FLEX - FLEX
flotter, nager - to float, to swim
fonctionnel - working
force, la/de la - strength
forcer - make, force
Ford - Ford
formulaire, un - form (document)

fort - aloud; fort (M), forte (F) - strong; fortement- strongly
fortement- strongly, fort (M), forte (F) - strong
français (m), française (f), français / françaises (adj) - French
France, la - France
frein, un- brake, freiner - to brake
frère, un - brother
froid (M), froide (F) - cold (adj)
froideur, la - coldness
frotter - to rub
futur, le; futur/ future (adj) - future
gagner - to earn
garçon,un; gars, un; type, un - boy, guy
gars, un; type, un - guy
gaz, le - gas
genre, un; type, un - kind, type
gens, les - people
glace, une/ de la - ice-cream
goûter,un; casse-croûte, un - snack (at work etc.)
graine, une - seed
grand (M), grande (F); gros (M), grosse (F) - big; wide
gris (M), grise (F)- grey
guerre, la - war
guichetier, un; guichetière, une - cashier, teller
habillé (M), habillée (F) - dressed
habituel (M), habituelle (F) - usual; habituellement - usually
haut (M), haute (F) - high
hé! / ohé! - hey!
heure(s) - o'clock, hour; Il est deux heures. - It is two o'clock.
heure, une - hour; toutes les heures - hourly
heureux (M), heureuse (F) - happy
hier - yesterday
histoire, une - story
homme, un - man
hommes, les - men
hors service - out of order
hôtel, un - hotel
hôtels - hotels
huit - eight
huitième - eighth
humain (M), humaine (F) - human (adj)
humain, un - human
hurlement, un - howling

Ii
ici - here (a place), là-bas - here (a direction), Ici il y a, voici - here is
ici, là, y - there (place)
idée, une - idea
idiot (M), idiote (F) - silly
il - he
il (M), elle (F), ce/cela/ça (N) - it
il est temps de... - it is time to...
il y a (+ time) - ago; il y a un an - a year ago
ils (M), elles (F) - they
image, photo - picture
immédiatement - immediately
important (M), importante (F) - important
inconscient (M), inconsciente (F) - unconscious
individuellement - individually
information, une - information
informer - to inform
ingénieur, un - engineer
injuste - unfair
intelligent (M), intelligente (F) - clever
intelligent, malin (M), intelligente, maligne (F) - smart
intéressant (M), intéressante (F) - interesting
invité, un; invitée, une - guest
Italien, un (M), Italien, un (F); italien, italienne (adj) - Italian
j'aboyai/aboyais; tu aboyas/aboyais; il/elle aboya/aboyait; nous aboyâmes/aboyions; vous aboyâtes/aboyiez; ils/elles aboyèrent/aboyaient - barked
j'accompagnai/accompagnais; tu accompagnas/accompagnais; il/elle accompagna/accompagnait; nous accompagnâmes/accompagnions; vous accompagnâtes/accompagniez; ils/elles accompagnèrent/accompagnaient - accompanied
J'ai - I have, nous avons - we have, tu as / vous avez - you have, il a - he has, il y a - it has, elle a - she has, ils ont - they have
j'aimai/aimais, tu aimas/aimais, il aima/aimait, nous aimâmes/aimions, vous aimâtes/aimiez, ils aimèrent/aimaient - loved
j'allumai/j'allumais, tu allumas/allumais, il/elle alluma allumait, nous allumâmes/allumions, vous allumâtes/allumiez, ils/elles allumèrent/allumaient - switched on

jamais - never
jambe, une - leg
j'appelai/appelais; tu appelas/appelais; il/elle appela/appelait; nous appelâmes/appelions; vous appelâtes/appeliez; ils/elles appelèrent/appelaient - called
j'appris/apprenais; tu appris/apprenais; il/elle apprit/apprenait; nous apprîmes/apprenions; vous apprîtes/appreniez; ils/elles apprirent/apprenaient (quelque chose) - learned about
jardin, un- garden
j'arrêtai/j'arrêtais; tu arrêtas/tu arrêtais; il arrêta/arrêtait; nous arrêtâmes/arrêtions; vous arrêtâtes/arrêtiez; ils/elles arrêtèrent/arrêtaient - stopped
j'arrivai/arrivais; tu arrivas/arrivais; il/elle arriva/arrivait; nous arrivâmes/arrivions; vous arrivâtes/arriviez; ils/elles arrivèrent/arrivaient- arrived
jaune - yellow
Je - I
je attendis/attendais; tu attendis/attendais; il/elle attendit/attendait; nous attendîmes/attendions; vous attendîtes/attendiez; ils/elles attendirent/attendaient - waited
je bougeai/bougeais, tu bougeas/bougeais, il/elle bougea/bougeait, nous bougeâmes/bougions, vous bougeâtes/bougiez, ils/elles bougèrent/bougeaient - moved
je cachai/cachais; tu cachas/cachais; il/elle cacha/cachait; nous cachâmes/cachions; vous cachâtes/cachiez; ils/elles cachèrent/cachaient - hid
je commençai/commençais; tu commenças/commençais; il/elle commença/commençait; nous commençâmes/commencions; vous commençâtes/commenciez; ils/elles commencèrent/commençaient - began
je compris/comprenais; tu compris/comprenais; il/elle comprit/comprenait; nous comprîmes/comprenions; vous comprîtes/compreniez; ils/elles comprirent/comprenaient - understood
je conduisis/conduisais; tu conduisis/conduisais; il/elle conduisit/conduisait; nous conduisîmes/conduisions; vous conduisîtes/conduisiez; ils/elles conduisirent/conduisaient- drove
je demandai/demandais; tu demandas/demandais; il/elle demanda/demandait; nous demandâmes/demandions; vous demandâtes/demandiez; ils/elles demandèrent/demandaient - asked
je démarrai/démarrais; tu démarras/démarrais; il/elle démarra/démarrait; nous démarrâmes/démarrions; vous démarrâtes/démarriez; ils/elles démarrèrent/démarraient - started (the engine); commencer (same model) - started (to drive)
je dis/disais; tu dis/disais; il dit/disait; nous dîmes/disions; vous dîtes/disiez; ils/elles dirent/disaient - said
je donnai/donnais; tu donnas/donnais; il/elle donna/donnait; nous donnâmes/donnions; vous donnâtes/donniez; ils/elles donnèrent/donnaient - gave
je fermai; tu fermas; il/elle ferma; nous fermâmes; vous fermâtes; ils/elles fermèrent- closed (past simple)
je fis/faisais; tu fis/faisais; il/elle fit/faisait; nous fîmes/faisions; vous fîtes/faisiez; ils/elles firent/faisaient- did
je fus/j'étais, tu fus/étais, il/elle fut/était, nous fûmes/étions, vous fûtes/étiez, ils/elles furent/étaient - was, were
je marchai/marchais; tu marchas/marchais; il/elle marcha/marchait; nous marchâmes/marchions; vous marchâtes/marchiez; ils/elles marchèrent/marchaient - stepped
Je me demande - I wonder
je me dépêchai/dépêchais; tu te dépêchas/dépêchais; il/elle se dépêcha/dépêchait; nous nous dépêchâmes/dépêchions; vous vous dépêchâtes/dépêchiez; ils/elles se dépêchèrent/dépêchaient - rushed
je me souvins/souvenais, tu te souvins/souvenais, il/elle se souvint/souvenait, nous nous souvînmes/souvenions, vous vous souvîntes/souveniez, ils/elles se souvinrent/souvenaient - remembered
je m'envolai/m'envolais; tu t'envolas/t'envolais; il/elle s'envola/s'envolait; nous nous envolâmes/envolions; vous vous

envolâtes/envoliez; ils/elles s'envolèrent/s'envolaient - flew away

je montrai/montrais; tu montras/montrais; il/elle montra/montrait; nous montrâmes/montrions; vous montrâtes/montriez; ils/elles montrèrent/montraient - showed

je partis/partais; tu partis/partais; il/elle partit/partait; nous partîmes/partions; vous partîtes/partiez; ils/elles partirent/partaient - went away

je passai/passais; tu passas/passais; il/elle passa/passait; nous passâmes/passions; vous passâtes/passiez; ils/elles passèrent/passaient - passed

je pleurai/pleurais; tu pleuras/pleurais; il/elle pleura/pleurait; nous pleurâmes/pleurions; vous pleurâtes/pleuriez; ils/elles pleurèrent/pleuraient - cried

je pris/prenais; tu pris/prenais; il/elle prit/prenait; nous prîmes/prenions; vous prîtes/preniez; ils/elles prirent/prenaient - took

je pus/pouvais; tu pus/pouvrais; il/elle put/pouvait; nous pûmes/pouvions; vous pûtes/pouviez; ils/elles purent/pouvaient - could

je recommandai/recommandais; tu recommandas/recommandais; il/elle recommanda/recommandait; nous recommandâmes/recommandions; vous recommandâtes/recommandiez; ils/elles recommandèrent/recommandaient - recommended

je regardai/regardais; tu regardas/regardais; il regarda/regardait; nous regardâmes/regardions; vous regardâtes/regardiez; ils/elles regardèrent/regardaient - looked

je remuai/remuais; tu remuas/remuais; il/elle remua/remuait; nous remuâmes/remions; vous remuâtes/remuiiez; ils/elles remuèrent/remuaient - shook

je répondis/répondais; tu répondis/répondais; il/elle répondit/répondait; nous répondîmes/répondions; vous répondîtes/répondiez; ils/elles répondirent/répondaient - answered

je sonnai/sonnais; tu sonnas/sonnais; il/elle sonna/sonnait; nous sonnâmes/sonnions; vous sonnâtes/sonniez; ils/elles sonnèrent/sonnaient - rang

je souriai/souriais; tu sourias/souriais; il/elle souria/souriait; nous souriâmes/souriions; vous souriâtes/souriiez; ils/elles sourièrent/souriaient- smiled

je sus/savais, tu sus/savais, il/elle sut/savait, nous sûmes/savions, vous sûtes/saviez, ils/elles surent/savaient - knew

je terminai/terminais, tu terminas/terminais, il/elle termina/terminait, nous terminâmes/terminions, vous terminâtes/terminiez, ils/elles terminèrent/terminaient - finished

je tirai/cachais; tu tiras/tirais; il/elle tira/tirait; nous tirâmes/tirions; vous tirâtes/tiriez; ils/elles tirèrent/tiraient ...sur (quelqu'un) - shot (smbd)

je travaillai/travaillais; tu travaillas/travaillais; il/elle travailla/travaillait; nous travaillâmes/travaillions; vous travaillâtes/travailliez; ils/elles travaillèrent/travaillaient- worked

je trouvai/trouvais; tu trouvas/trouvais; il/elle trouva/trouvait; nous trouvâmes/trouvions; vous trouvâtes/trouviez; ils/elles trouvèrent/trouvaient- found

je tuai/tuais; tu tuas/tuais; il/elle tua/tuait; nous tuâmes/tuiions; vous tuâtes/tuiiez; ils/elles tuèrent/tuaient- killed

Je vais, tu vas, il/elle va, nous allons, vous allez, ils/elles vont (+ infinitive verb) - I will (future ind.)

je vins/venais; tu vins/venais; il/elle vint/venait; nous vînment/venions; vous vîntes/veniez; ils/elles vinrent - came

je vis/venais; tu vis/venais; il/elle vit/venait; nous vîmes/venions; vous vîtes/veniez; ils/elles virent/venaient - saw

je visitai/visitais; tu visitas/visitais; il/elle visita/visitait; nous visitâmes/visitions; vous visitâtes/visitiez; ils/elles visitèrent/visitaient - visited

je voulus/voulais, tu voulus/voulais, il/elle voulut/voulait, nous voulûmes/voulions, vous voulûtes/vouliez, ils/elles voulurent/voulaient - wanted

je, me, moi - me

j'écrivis/écrivais; tu écrivis/écrivait; il/elle écrivait; nous écrivîmes/écrivions; vous écrivîtes/écriviez; ils/elles écrivirent/écrivaient - wrote

j'entendis/j'entendais; tu entendis/entendais; il/elle entendit/entendait; nous entendîmes/entendions; vous entendîtes/entendiez; ils entendirent/entendaient - heard

j'essayai/essayais; tu essayas/essayais; il/elle essaya/essayait; nous essayâmes/essayions; vous essayâtes/essayiez; ils/elles essayèrent/essayaient - tried

j'estimai/estimais; tu estimas/estimais; il/elle estima/estimait; nous estimâmes/estimions; vous estimâtes/estimiez; ils/elles estimèrent/estimaient - estimated

jeu, un; jeux, des (PL) - playing

jeune - young; jeune garçon, un - young boy

j'eus/j'avais, tu eus/avais, il/elle eut/avait, nous eûmes/avions, vous eûtes/aviez, ils/elles eurent/avaient - had

j'habitai/habitais; tu habitas/habitais; il/elle habita/habitait; nous habitâmes/habitions; vous habitâtes/habitiez; ils/elles habitèrent/habitaient - lived

j'informai/j'informais; tu informas/informais; il/elle informa/informait; nous informâmes/informions; vous informâtes/informiez; ils/elles informèrent/informaient - informed

joindre - to join

joli, beau (M); jolie, belle (F) - nice

j'oublia/oubliais, tu oublias/oubliais, il/elle oublia/ oubliait, nous oubliâmes/oubliions, vous oubliâtes/ oubliiez, ils oublièrent/oubliaient - forgot

jouer - to play

jouet, un - toy

jour, un - day, au quotidien, tous les jours, par jour - daily

journal, un; journaux, des (PL) - newspaper

journaliste, un / une - journalist

j'ouvrai/ouvrais; tu ouvras/ouvrais; il/elle ouvra/ouvrait; nous ouvrâmes/ouvrions; vous ouvrâtes/ouvriez; ils/elles ouvrèrent/ouvraient - opened

j'ouvris/ouvrais; tu ouvris/ouvrais; il/elle ouvrit/ouvrait; nous ouvrîmes/ouvrions; vous ouvrîtes/ouvriez; ils/elles ouvrirent/ouvraient - opened

jusqu'à - until

juste, seulement - just, only

kangourou, un - kangaroo

kilomètre(s) - kilometer

la carte de l'homme - man's map

la plupart de - most (part) of

lac, un - lake

laisser - to let

langue, une - language

largement, profondément - widely

laser, un - laser

lavant, nettoyant - washing, laver, nettoyer - to wash

laver, nettoyer - to wash

le long de - along

le même (M), la même (F), les mêmes (PL) - the same

le plus / les plus - most

le plus près - nearest

le plus souvent possible - as often as possible

leçon, une - lesson

lecteur CD - CD player

lecture - reading (particip I)

légèrement - slightly

Legrand - Legrand (a surname)

les États-Unis - the USA

lettre, une - letter

leur(s), eux - their, them

l'heure, de l'heure - per hour

libérer - to set free

libre, gratuit - free

limite, une - limit

lion, un - lion

lire - to read

liste, une - list

lit, un - bed

lits - beds

livre, un - book

loin, loin de - far

long (M), longue (F) - long

Louise - Louise (name)

lui - him, à lui - to him

l'un d'entre - either

l'un l'autre - each other

Lundi - Monday
machine à laver, une - washer
machine, une - machine
madame - madam
magasin vidéo - video-shop
magasin, un - shop
magasins - shops
magazine, un - magazine
main, une - hand
maintenant, en ce moment - now
mais - but
maison, une - home, house
maman, une; mère, une - mom, mother
manger - to eat
manuel, un - textbook
marche, une - step; marcher sur quelque chose - to step on smth
marcher, aller - to walk, to go
marié - married (for a man); mariée - married (for women)
masculin - male (adj)
matelas, un - mattress
matin, le - morning
mauvais, méchant (M), mauvaise, méchante (F) - bad
médical (M); médicale (F), médicales/médicaux (PL) - medical
meilleur (M), meilleure (F), mieux - best
meilleur, meilleure; mieux - better
membre, un - member
menottes, des - handcuffs
mental (M), mentale (F), mentaux, mentales (PL) - mental; mentalement - mentally
mer, la - sea
mère, une - mother
merveilleux (M), merveilleuse (F) - wonderful
métal, un - metal
méthode, une - method
mètre, un - meter
mettre - to put on
mettre dans - to put into
mettre le cap - to steer
meubles, les - furniture
microphone, un - microphone
mille - thousand
milliard - billion
mince - damn
minou, un - pussycat

minute, une - minute
mobile - mobile
moi, à moi - to me
moins que, moins de - less
mois, un - month
moitié - half
moitié, une - half
moment, un - moment
mon (M), ma (F), mes (PL) - my
mon, le mien - my, mine
monde, le - world
monotone - monotonous
monsieur - mister
montre, une - watch
montrer - to show
morceau de papier, un - sheet (of paper)
mordre - to bite
mortel (M), mortelle (F) - deadly
mot, un - word
moteur, un - engine
moto, une - bike
mots - words
mouillé (M), mouillée (F) - wet
mourir - to die, je mourus/remuais; tu mourus/mourais; il/elle mourut/mourait; nous mourûmes/mourions; vous mourûtes/mouriiez; ils/elles moururent/mouraient - died
moustique, un - mosquito
museau, un (dog); nez, un (human) - nose
musique, la - music
mystère, un; énigme, une - mystery, puzzle
nageant, flottant - swimming, floating
nager, flotter - to swim, to float
natif, un; native, une; natal, natale (adj) - native
nationalité, une - nationality
nature, la - nature
nettoyage - cleaning
nettoyage, un; lavage, un - cleaning
nettoyé (M), nettoyée (F) - cleaned
nettoyer/faire avec soin - to clean, to make neatly
neuf - nine
neuvième - ninth
nez, un (human) - nose
Nicolas - Nicolas (name)
n'importe quoi, quelque chose - anything, something
noir (M), noire (F) - dark, black
nom, un - name; appeler, nommer, citer - to name

non - no
note, une- note
notre (+sing), nos (+pl) - our
nourrir - to feed
nourriture, de la - food
nous - we; us
nouveau, récent (M), nouvelle, récente (F); nouveaux, nouvelles, récents, récentes (PL) - new
nuit, la - night
numéro, un - number
numéros des patrouilles de police - numbers of patrol cars
obtenir - to get (something), se rendre - to get (somewhere)
œil, un - eye
officier, un - officer
Oh! - Oh!
oiseau, un; oiseaux, des - bird
OK, bien, bon - OK, well
olympique - olympic
onze - eleven
ordinateur, un - computer
ordonner - to order
oreille, une - ear
ou - or
où - where
oublier - to forget
oui - yes
ouvrir - to open
pain, du - bread
pâle - pale
paniquer - to panic
pantalon, un (sing) - trousers
papa, un - dad; à / de papa - dad's
papier, un - paper
par, à travers - through, across
parachute (object), parachutisme (activity)- parachute; parachutiste, un/une - parachutist
parc, un - park
parce que, car - because
parcs - parks
parent, un - parent
parfois - sometimes
par-là, là-bas - there (direction)
parler - to talk, to speak

parler de; expliquer - to explain; Pourriez vous l'expliquer?/Pourriez-vous en parler - Could you explain it?
parti (M), partie (F) - gone; away
participant, un - participant
particulièrement - especially
partie - part
partie, une - part
partir, s'en aller - to go away
pas - not
passé, le (time); en passant devant (space) - past
passer du temps - spend time
passer, réussir - to pass; examen / examen réussi - passed exam
patrouille, une - patrol
Bernard - Bernard (name)
pause, une - break, pause
pauvre - poor
payé - paid
payer - to pay
pays, un - country (state)
pendant - during; while
pendant ce temps - meanwhile
pensée, la - thinking
penser, réfléchir - to think
perdre - to loose
permettre, autoriser - to allow
permis de conduire, le - driving license
personne - nobody
personne, une - person
personnel - personal
petit (M), petite (F) - small, little
petit ami, un; copain, un - boyfriend
petit-déjeuner, un - breakfast; prendre le petit déjeuner - have breakfast
petite amie, une / copine, une - girlfriend
petites annonces, les - ad
pétrole, du - oil
peur - afraid
peut peut-être, pourrait - may, can; Puis-je vous aider? - May I help you?
peut-être - may; Je vais (peut-être) aller à la banque. - I may go to the bank.
pharmacie, une - pharmacy
photographe, un/une - photographer
photographier/ prendre en photo - to photograph; photographie, une - a photograph
phrase, une - phrase

pied, un - foot
pilote, un / une - pilot
pla<u>c</u>er verticalement - to put vertically; placer horizontalement - to put horizontally
pla<u>c</u>er, me<u>tt</u>re - to place, to put; place, lieu(x), endroit - place
plafond, un - roof
planète, une - planet
plateau - food, board
pleu<u>r</u>er - to weep, to cry
pluie, la - rain
plus - more
plus loin - further
<u>plus</u> près - closer
poche, une - pocket
pointait vers - pointed at
police, la - police
policier, un - policeman, policier (M), policière (F) - police (adj)
pont, un - bridge
porte, une - door
por<u>t</u>er - to carry in hands; transpor<u>t</u>er - to carry by transport
possibilité, une - possibility
possible - possible
poste de télévision, un - TV-set
poste, un - position; station
postu<u>l</u>er à - to apply
pot, un - jar
poupée, une - doll
pour, afin de - in order to…
pour, pendant - for
pourquoi - why
poursuite, une - pursuit
pous<u>s</u>er - to push
premier (M), premi<u>è</u>re (F), première<u>ment</u> (adv) - first
pren<u>d</u>re - to take
pren<u>d</u>re du temps - take time; Cela prend cinq minutes. - It takes five minutes.
pren<u>d</u>re en main - take something in hands
pren<u>d</u>re part - to take part
prendre place, <u>s</u>'asseoir - to take a seat
pren<u>d</u>re position - to take one's stand
pren<u>d</u>re soin de - to care
prépa<u>r</u>er - to prepare
près de - close to
près d'ici - nearby

prê<u>t</u> (M); prê<u>t</u>e (F) - ready
pri<u>s</u> (M), pri<u>s</u>e (F) - taken
prix, un - price
problème, un - problem
proche - near
proche, près/à côté d'ici, voisin - nearby, next
prod<u>ui</u>re - to produce
profession, une - profession
programmateur, un - programmer
programme - program
projet, un; plan, un - plan, planif<u>ier</u> - to plan
propre - clean; nettoy<u>er</u>, lav<u>er</u> - to clean
propre, le mien / le tien / le sien - own
propriétaire, un/une - owner
protég<u>er</u> - to protect
puant - stinking
public, un - audience
publicité, une; petites annonces, les - advert
puis, ensuite, après, alors - then
quand, lorsque - when
quarante-quatre - forty-four
quatre - four
quatrième - fourth
que - that; Je sais que ce livre est intéressant. - I know that this book is interesting.
que, qu' - than, Nicolas est plus vieux que Louise. - Nicolas is older than Louise.
que, qu'est ce que, quoi / quel, quelle - what; Qu'est ce que c'est? - What is this? Quelle table? - What table?
quelque chose - something
quelqu'un - somebody
Qu'en est-il de…? - what about…?
questionnaire, un - questionnaire
queue, la - queue, line of people
queue, une - tail
qui, que, quel - which, who
quinze - fifteen
qui<u>tt</u>er - to leave
radar, un - radar
radio, une - radio
raison, une - reason
rapide - quick; rapide<u>ment</u> - quickly
rapide<u>ment</u> - quickly, rapide- quick
rarement - seldom
rat, un - rat
réchauf<u>f</u>er - to warm up

recommander - to recommend; recommandation, une - recommendation
récompense, une - reward
reçu, un; ticket, un - receipt, ticket
réel, vrai - real
réellement, vraiment - really
refuser - to refuse
regarde (informal), regardez (informal) - look at
regarder - to look
règlement, un - rule
réhabilitation, une - rehabilitation
réhabiliter - to rehabilitate
rembourré (M), rembourrée (F) - stuffed; parachutiste rembourré, un - stuffed parachutist
remercier - to thank; je vous remercie - Thank you. Merci - Thanks.
remplir - to fill up
remplir, compléter - fill up (a form)
rencontrait, rencontra - met
rencontrer - to meet
répandre - to spread
repartir - come/go back
repas, un; nourriture, de la - meal, food
répondeur, un - answering machine
réponse, une - answer, répondre - to answer
reporter - to report; reporter, un - reporter
rester - to remain
retirer - take off
retour, de retour - back
réussi (M), réussie (F) - manage
rêve, un - dream; rêver - to dream
ricochet, un - ricochet
rien - nothing
rire - to laugh
rivage, le; bord, le - shore
robe, une - dress
robinet, un - tap
rond, autour - round
roue, une - wheel
rouge - red
route, une; rue, une; passage, un - road, street, way
rubrique, une - rubric
Rue Malbec - Rue Malbec (name of a street)
rue, une - street
rues - streets
rusé - sly; avec ruse - slyly

Russe (noun); russe (adj) - Russian
Russie, la - Russia
sable, le - sand
sac, un - bag
saison, une - season
sale - dirty
salle de bain, une - bathroom; baignoire, une - bath; table de salle de bain, une - bathroom table
salle de classe, une - classroom
salut - hi
Samedi - Saturday
sandwich, un - sandwich
sans - without
santé, la - health
s'asseoir - to sit down; asseoir - to sit
s'asseoir: je m'assieds, tu t'assieds, il s'assied, nous nous asseyons, vous vous asseyez, ils s'asseyent - to sit down
s'assurer - make sure
sauf, mais - except, but
sauter - to jump; saut, un - jump
sauver, secourir - to rescue; to save
savoir, connaître - to know
savoir, être capable de, pouvoir - can; Je sais lire. - I can read.
savoureux (M), savoureuse (F) - tasty
se glacer - to freeze
se lever - to get up; to stand; Lève-toi! - Get up!
se noyer, plonger - to sink, to dive
se produire - to happen; s'est produit (M), s'est produite (F) - happened
se rendre compte, apprendre (quelque chose) - to find out, to learn about smth
seau, un - pail
sécher - to dry, sec (M), sèche (F) - dry (adj)
second, deuxième - second
secouer, trembler - to shake
secret, un - secret
secrétaire, une - secretary
secrètement - secretly
s'élançant, se jetant - pitching
semaine, une - week
sensation, une - feeling
sept - seven
septième - seventh
Serge - Serge
sergent, un - sergeant

série, une - serial
sérieusement - seriously
servant, un (M), servante, une(F) - servant
service du personnel, le - personnel department
services de secours, les - rescue service
servir - to serve
seulement, juste - only, just
s'exclamer - exclaim
sexe, un - sex (formal)
si- if, whether *(is used to show that the phrase is a question)*
si, tellement - so
siège, un - seat
signifier - to mean
s'il vous plaît (formal), s'il te plaît (informal)- please
silencieusement, en silence - silently
silencieux (M), silencieuse (F) - silent
simple - simple
sincèrement - sincerely
singe, un - monkey
s'inquiéter - to worry
sirène, une - siren
site Internet, un - Internet site
situation, une - situation
six - six
sixième - sixth
société, une - company
sœur, une - sister
soir, le - evening
soixante - sixty
sol, par terre - floor
sommeil, rêve - sleeping, dream
son (+ m), sa (+ f), ses (+pl) - her; son livre - her book
son (+m), sa (+f) - his; son lit - his bed
sonner - to ring, sonnerie, une - ring
s'opposer - to mind (to be against something)
sortir - to get off
sortir, amener / obtenir / se rendre, aller (direction) - to take out; to get
soudainement, tout à coup - suddenly
soulever - to lift
souligner - to underline
sourire - to smile
sourire, un - smile
sous - under
souvent - often

spectacle de l'air, un - airshow
sport, un - sport; magasin de sport, un - sport shop, moto de sport, une - sport bike
square, un - square
standard, aux normes- standard
statut, un - status; statut familial - family status
stopper, arrêter, s'arrêter- to stop
stylo, un - pen
stylos - pens
sujet, un; affaire; une - matter, business
supermarché, un - supermarket
sur - on
sûr (M), sûre (F), volontiers! - sure
sur, de - about
surprendre- to surprise
surpris (M), surprise (F) - surprised
surprise, une - surprise
table, une - table
tables - tables
tâche, une - task
tanker, un - tanker
taper, battre - to hit, to beat
tapis, un - carpet
tasse, une - cup
taxi, un - taxi; chauffeur de taxi, un - taxi driver
téléphone, un - telephone; téléphoner - to telephone
télévision, une - television
temps, le - weather
temps, le; fois - time; le temps passe - time goes; deux fois - two times
terminé (M); terminée (F)- finish; terminer - to finish
terre, la - earth
terre, une - land
test, un; examen, un; contrôle, un - test
tester - to test
tête, une; chef, un - head; se diriger, aller - to head, to go
texte, un - text
thé, un / du - tea
ticket, un - ticket
tigre, un - tiger
tirer - to pull
toilettes, les- toilet
tombé(e), qui est tombé(e) - falling
tomber - to fall, chute, une - fall

ton, tas, tes (informal)/ votre, vos (formal) / le tien, la tienne, les tiens - your, yours
total (M), totale (F) - total
toujours - always
toujours, encore - still
tourna - turned
tournant (M), tournante (F)- turning
tourner - turn over; tourner la tête ailleurs - to turn one's head away
tous les (+m); toutes les (+f) - every
tout - everything
tout autour - all-round
tout le monde - everybody
tout, toute, tous, toutes - all
traducteur, un - translator
transport, un - transport (noun), de transport - transport (adj)
travail - work; travailler - to work
travail à mi-temps - part time job
travail à temps complet, un - full time job
travail d'écriture, un - writing work
travail manuel, un - manual work
travail, un; emploi, un- job; agence d'emploi, une - job agency
travailleur, un - worker
trente - thirty
très - very
triste - sad
trois - three
troisième - third
trop (superlative) - too; trop grand (M), trop grande (F) - too big
trouver - to find
truc, un; chose, une - thing
tu, vous, toi - you
tueur, un; tueuse, une - killer
un (M), une (F) - one
un (petit) peu - a (little) bit
un autre, une autre - another
un de plus/un autre (M), une de plus/une autre (F) - one more
un moyen - a way (to do smth)
un par un (m), une par une (f) - one by one
un peu, peu - little, few
une fois - once
unique, célibataire - single
université, une - university
utiliser - to use

V + ons / allons-nous + inf V - let us
vague, une - wave
vaisseau spatial, un; vaisseaux spatial, des- spaceship
vendeur, un - shop assistant
vendre - to sell
venir, aller, entrer - come, go
vent, le - wind
vérifier - to check
verre, du - glass
vers la droite / à droite - to/on the right
vers la gauche / à gauche - to/on the left
verser - to pour
vert (M), verte (F) - green
veste, une - jacket
vétérinaire, un - vet
vide - blank, empty
vie, la - life; astuce de sauvetage, une - life-saving trick
vieux (M), vieille (F) - old
village, un - village
ville, une - city, town
vingt - twenty
vingt-cinq - twenty-five
vingt-et-un - twenty-one
virer (work) - to fire
visage, un - face
visiteur, un - visitor
vitesse, la - speed, enfreindre un règlement- to brake a rule, chauffard, un - speeder, en excès de vitesse - speeding
vitrine de magasin - shop window
vivant (M), vivante (F); habitant (present participle) - living
vivre - to live
voir - to see
voisin, proche, à côté, près de; suivant/suivante - neighbouring, next
voisin, un - neighbour
voiture, une - car
voix, une - voice
volé (M), volée (F) - stolen
voler - to fly; voler - to steal
voleur, un; voleuse, une - thief, voleurs, des; voleuses, des - thieves
vouloir - to want
voyage, un - trip, journey
voyager - to travel

vrai - right
yeux, des - eyes

zèbre, un - zebra
zoo, un - zoo

English-French dictionary

a (little) bit - un (petit) peu
about - à propos, sur, de; about/appr. - environ, à peu près
accident - accident, un
accompanied - j'accompagnai/accompagnais; tu accompagnas/accompagnais; il/elle accompagna/accompagnait; nous accompagnâmes/accompagnions; vous accompagnâtes/accompagniez; ils/elles accompagnèrent/accompagnaient
accompany *(verb)* - accompagner
ad - petites annonces, les
address - adresse, une
adventure - aventure, une
advert - publicité, une; petites annonces, les
afraid - peur
after - après
again - encore, à nouveau
against - contre
age - âge, un
agency - agence
ago - il y a (+ time); a year ago - il y a un an
agree (adj) - d'accord / entendu; agree *(verb)* - accepter
agreement - accord, un; contrat, un
ah.. - ah..
air - air, l'
airplane - avion, un
airshow - spectacle de l'air, un
alarm - alerte, une
alien - extra-terrestre, un
all - tout, toute, tous, toutes
allow *(verb)* - permettre, autoriser
all-round - tout autour
along - le long de
aloud - fort
already - déjà
also, too, as well - aussi, également
although - bien que / quoi que (+ subj)
always - toujours
American - Américain, un; Américaine, une; américain, américaine (adj)
analyse - analyse, une
and - et
and so on, etc. - etc...
André (name) - André
André's - à André / d' André
angrily - avec colère, en colère
angry - fâché, en colère
animal - animal, un; animaux, des (PL)
Anne (name) - Anne
another - un autre, une autre
answer - réponse, une, to answer - répondre
answered - je répondis/répondais; tu répondis/répondais; il/elle répondit/répondait; nous répondîmes/répondions; vous répondîtes/répondiez; ils/elles répondirent/répondaient
answering machine - répondeur, un
any - du, de la, de l', des; aucun; n'importe quel; tout
anything, something - n'importe quoi, quelque chose
apply *(verb)* - postuler à
apprendre - learn
approximately, about - à peu près, environ
arm - bras, un, to arm - (faire) un bras de fer
arms, gun - arme,une; pistolet, un
around - autour de
arrange - arrange
arrive *(verb)* - arriver
arrived - j'arrivai/arrivais; tu arrivas/arrivais; il/elle arriva/arrivait; nous arrivâmes/arrivions; vous arrivâtes/arriviez; ils/elles arrivèrent/arrivaient
art - art, un
artist - artiste, un/une
as if - comme si
as often as possible - le plus souvent possible
as well - aussi, également
as, like - comme; Like me. - Comme moi.
as, since - alors que, depuis; à partir de, étant donné que
ask *(verb)* - demander; to ask for - demander (quelque chose)
asked - je demandai/demandais; tu demandas/demandais; il/elle demanda/demandait; nous demandâmes/demandions; vous demandâtes/demandiez; ils/elles demandèrent/demandaient
aspirin - aspirine, une / de l'

asterisk - astérisque, un
at - à; at one o'clock - à une heure
at first - au début, d'abord
at last - enfin
at least - au moins
at the same time - en même temps
attention - attention
au pair - au pair; jeune au pair, un
audience - public, un
away - parti (M), partie (F)
back - retour, de retour
bad - mauvais, méchant (M), mauvaise, méchante (F)
bag - sac, un
bank- banque, une
barked - j'aboy<u>ai</u>/aboy<u>ais</u>; tu aboy<u>as</u>/aboy<u>ais</u>; il/elle aboy<u>a</u>/aboy<u>ait</u>; nous aboy<u>âmes</u>/aboy<u>ions</u>; vous aboy<u>âtes</u>/aboy<u>iez</u>; ils/elles aboy<u>èrent</u>/aboy<u>aient</u>
bathroom - salle de bain, une; bath - baignoire, une; bathroom table - table de salle de bain, une
be (verb) - être: je suis, tu es, il/elle est, nous sommes, vous êtes, ils/elles sont
be ashamed - av<u>oir</u> honte; he is ashamed - il a honte
be continued - à suivre
be silent - être silencieux: je suis, tu es, il/elle est, nous sommes; vous êtes, ils/elles sont...+ silencieux / silencieuse(s)
be sorry - être désolé(e); I am sorry. - Je suis désolé(e).
be suitable for… - convenir à…
be/become glad - êt<u>re</u>/deven<u>ir</u> reconnaissant
beautiful - beau (M), belle (F), beaux, belles (PL)
because - parce que, car
because of, owing to - du fait de
bed - lit, un
beds - lits
beep, signal - bip, un; signal, un
before - avant (time); before doing smth - avant de fai<u>re</u> (quelque chose); devant (in front of)
began - je commenç<u>ai</u>/commenç<u>ais</u>; tu commenç<u>as</u>/commenç<u>ais</u>; il/elle commenç<u>a</u>/commenç<u>ait</u>; nous commenç<u>âmes</u>/commenç<u>ions</u>; vous commenç<u>âtes</u>/commenc<u>iez</u>; ils/elles commenc<u>èrent</u>/commenç<u>aient</u>

begin (verb) - commenc<u>er</u>, se met<u>tre</u> à
behind - derrière
believe (verb) - cro<u>ire</u>
best - meilleur (M), meilleure (F), mieux
better - meilleur, meilleur<u>e</u>; mieu<u>x</u>
between - entre
big - grand (M), grande (F); gros (M), grosse (F)
bike - moto, une
billion - milliard
bird - oiseau, un; oiseau<u>x</u>, des
bite (verb) - mor<u>dre</u>
black - noir
blank, empty - vide
blue - bleu (M), bleue (F)
book - livre, un
bookcase - bibliothèque, une; étagère à livres, une
Bordeaux (city) - Bordeaux
bother (verb) - embêt<u>er</u>, <u>s'</u>embêter
box - boîte, une
boy, guy - garçon,un; gars, un; type, un
boyfriend - petit ami, un; copain, un
brake - frein, un, to brake - freiner
bread - pain, du
break by hitting - cass<u>er</u> en tapant
break, pause - pause, une
breakfast - petit-déjeuner, un; have breakfast - prendre le petit déjeuner
bridge - pont, un
Brigitte - Brigitte
bring (verb) - amen<u>er</u>
bringing - amen<u>ant</u>
brother - frère, un
building - bâtiment, un
bus - bus, un
but - mais
butter - beurre, du; to butter - beurr<u>er</u>
button - bouton, un
buy (verb) - acheter
by the way - à propos
bye - au revoir
cable - câble, un
café - café, un
call on the phone - appel<u>er</u> au téléphone; call - appel, un; call centre - centre d'appels, un
call, to phone - appel<u>er</u>, télépho<u>ner</u>
called - j'appel<u>ai</u>/appel<u>ais</u>; tu appel<u>as</u>/appel<u>ais</u>; il/elle appel<u>a</u>/appel<u>ait</u>; nous

appelâmes/appelions; vous appelâtes/appeliez; ils/elles appelèrent/appelaient
came - je vins/venais; tu vins/venais; il/elle vint/venait; nous vînmes/venions; vous vîntes/veniez; ils/elles vinrent
can - savoir, être capable de, pouvoir; I can read. - Je sais lire.
captain - capitaine, un
car - voiture, une
care - prendre soin de
careful - attentionné (M), attentionnée (F)
carefully - attentivement, soigneusement
Caroline - Caroline
carpet - tapis, un
carry in hands - porter; to carry by transport - transporter
cash - argent; cash register - caisse enregistreuse, une
cashier, teller - guichetier, un; guichetière, une
cat - chat, un
catch (verb) - attraper; to catch on - comprendre
CD - CD, un
CD player - lecteur CD
ce, cet (+noun); ce livre - this book / ceci (+verb), (for a non-human) - this; C'est un chien. / Ceci est un chien. - This is a dog; voici (for human) - this; Voici Louise. - This is Louise.
central - central, centraux (M), centrale, centrales(F)
centre - centre, le; city centre - centre-ville, le
ceremony - cérémonie, une
chair - chaise, une
chance - chance, une
change (verb) - changer; change - changement
check (verb) - vérifier
chemical (adj) - chimique; chemicals - produits chimiques
chemistry - chimie, la
Chicago - Chicago
child - enfant
children - enfants, les
choose (verb) - choisir
chose - choisis, choisissez
city - ville, une
class - classe, une
classroom - salle de classe, une
clean (adj.) - propre
clean (verb), to make neatly - nettoyer/faire avec soin
cleaned - nettoyé (M), nettoyée (F)
cleaning - nettoyage, un; lavage, un
clever - intelligent (M), intelligente (F)
close (verb) - fermer
close to - près de
close, nearby - à côté de, près d'ici
closed (past simple) - je fermai; tu fermas; il/elle ferma; nous fermâmes; vous fermâtes; ils/elles fermèrent; closed (past part.) - fermé (M), fermées (F)
closer - plus près
club - club, un
coffee - café, un/du
cold (adj) - froid (M), froide (F)
coldness - froideur, la
colleague - collègue, un/une
come, go - venir, aller, entrer; come/go back - venir/repartir
company - société, une
competition - compétition, une
compose (verb) - créer
composing (gerund) - en composant
composition - création, une
computer - ordinateur, un
confused - confus (M), confuse (F)
constant - constant (M), constante (F)
consult (verb) - consulter
consultancy - cabinet de conseil, un
consultant - consultant, un
continue (verb) - continuer; continued - continuait
control - contrôle, un; test, un
cooker - cuisinière, une
cooking - de cuisine, qui cuisine(nt)
cool, great - cool, super, génial
co-ordination - coordination, une
correct - correct (M), correcte (F); correctly - correctement; incorrectly - incorrectement; to correct - corriger
cost (verb) - coûter
could - je pus/pouvais; tu pus/pouvrais; il/elle put/pouvait; nous pûmes/pouvions; vous pûtes/pouviez; ils/elles purent/pouvaient
country (state) - pays, un
countryside - campagne, la
course - cours, un

creative - créatif (M), créative (F)
cried - je pleurai/pleurais; tu pleuras/pleurais; il/elle pleura/pleurait; nous pleurâmes/pleurions; vous pleurâtes/pleuriez; ils/elles pleurèrent/pleuraient
criminal (adj) - criminel, criminal - criminel, un
crystal - cristal, un; cristaux, des
cup - tasse, une
customer - client, un; cliente, une
dad - papa, un; dad's - à / de papa
daddy - papa, un
damn - mince
dance *(verb)* - danser; danced - dansait, avait dansé; dancing (particip I) - dansant
dark - noir (M), noire (F)
date - date, une
daughter - fille, une
day - jour, un, daily - au quotidien, tous les jours, par jour
deadly - mortel (M), mortelle (F)
dear - cher (M), chère (F)
design - design, le
desk - bureau, un
destroy *(verb)* - détruire
develop *(verb)* - développer
dial - compose
did - je fis/faisais; tu fis/faisais; il/elle fit/faisait; nous fîmes/faisions; vous fîtes/faisiez; ils/elles firent/faisaient
die *(verb)* - mourir; died - je mourus/remuais; tu mourus/mourais; il/elle mourut/mourait; nous mourûmes/mourions; vous mourûtes/mouriiez; ils/elles moururent/mouraient
different - différent (M), différente (F)
difficult - difficile
Robert (name) - Robert
Robert's - à Robert / de Robert
dirty - sale
do *(verb)* - faire: je fais, tu fais, il/elle fait, nous faisons, vous faites, ils/elles font
doctor - docteur, un
dog - chien, un
doll - poupée, une
door - porte, une
dorms - dortoirs; résidences/chambres (universitaires)
down - bas, en-bas
dream - rêve, un; to dream - rêver

dress - robe, une
dressed - habillé (M), habillée (F)
drink *(verb)* - boire
drive *(verb)* - conduire, driver - conducteur, un
drive, go by transp. - conduire, être conduit, aller en...
driving license - permis de conduire, le
drove - je conduisis/conduisais; tu conduisis/conduisais; il/elle conduisit/conduisait; nous conduisîmes/conduisions; vous conduisîtes/conduisiez; ils/elles conduisirent/conduisaient
dry *(verb)* - sécher; dry (adj) - sec (M), sèche (F)
during - pendant
DVD - DVD
each other - l'un l'autre
ear - oreille, une
earn *(verb)* - gagner
earth - terre, la
eat *(verb)* - manger
editor - éditeur, un
education - éducation, l'
eighth - huitième
either - l'un d'entre
either, too, also - autant, aussi, également
elder - aîné, un
electric - électrique
electric current - courant électrique, le / du
eleven - onze
else - autre
e-mail - email, courriel
employer - employeur, un
empty - vide
energy - énergie, une/ l'
engine - moteur, un
engineer - ingénieur, un
English - Anglais, un; Anglaise, une; anglais, anglaise (adj)
especially - particulièrement
estimate *(verb)* - estimer
estimated - j'estimai/estimais; tu estimas/estimais; il/elle estima/estimait; nous estimâmes/estimions; vous estimâtes/estimiez; ils/elles estimèrent/estimaient
Eurasia - Eurasie
euro - euro, un
evening - soir, le

every - tous les (+m); toutes les (+f)
everybody - tout le monde
everything - tout
example - exemple, un; for example - par exemple
except, but - sauf, mais
exclaim - s'exclamer
excuse *(verb)* - excuser; Excuse me. - Excusez-moi.(formal) /Excuse-moi (informal)
experience - expérience, une / de l'
explain *(verb)* - parler de; expliquer; Could you explain it? - Pourriez vous l'expliquer?/Pourriez-vous en parler
Express Bank - Banque Express
eye - œil, un
eyes - yeux, des
face - visage, un
fall *(verb)* - tomber, fall *(n)* - chute, une
falling - tombé(e), qui est tombé(e)
family - famille, une
far - loin, loin de
farm - ferme, une
farmer - fermier, un
fasten - attache, attachez
favorite - favori, préféré (M); favorite, préférée(F)
feed *(verb)* - nourrir
feeling - sensation, une
female (adj) - féminin
few, little - un peu, peu
field (in a document) - champ, un
fifteen - quinze
fifth - cinquième
fill up (a form) - remplir, compléter
film - film, un
finance - finance, la
find *(verb)* - trouver
find out, to learn about smth - se rendre compte, apprendre (quelque chose)
fine - bien, de qualité
finish - terminé (M); terminée (F); to finish - terminer
finished - je terminai/terminais, tu terminas/terminais, il/elle termina/terminait, nous terminâmes/terminions, vous terminâtes/terminiez, ils/elles terminèrent/terminaient
fire - feu, un; fire - virer (from work)

firm - entreprise, une; firme, une
first - premier (M), première (F), premièrement (adv)
five - cinq
flew away - je m'envolai/m'envolais; tu t'envolas/t'envolais; il/elle s'envola/s'envolait; nous nous envolâmes/envolions; vous vous envolâtes/envoliez; ils/elles s'envolèrent/s'envolaient
float, swim - flotter, nager
floor - sol, par terre
flow *(verb)* - couler, circuler
flow down smth. - couler (le long de /vers le bas)
flower - fleur, une
fluently (speak a lang.) - couramment
fly *(verb)* - voler
food - nourriture, de la
food, board - plateau
foot - pied, un
for - pour, pendant
Ford - Ford
forget *(verb)* - oublier
forgot - j'oublia/oubliais, tu oublias/oubliais, il/elle oublia/ oubliait, nous oubliâmes/oubliions, vous oubliâtes/ oubliiez, ils oublièrent/oubliaient
form (document) - formulaire, un
forty-four - quarante-quatre
found - je trouvai/trouvais; tu trouvas/trouvais; il/elle trouva/trouvait; nous trouvâmes/trouvions; vous trouvâtes/trouviez; ils/elles trouvèrent/trouvaient
four - quatre
fourth - quatrième
France - France, la
free - libre, gratuit
freeze *(verb)* - se glacer
French - français (m), française (f), français / françaises (adj)
friend - ami, un; amie, une
friendly - amical (M), amicale (F)
from - de, des, d', de la part
front - devant, avant
full - complet (M), complète (F); plein de, plein d'; full time job - travail à temps complet, un
fun - drôle
funny - drôle
furniture - meubles, les

further - plus loin
future - futur, le; futur/ future (adj)
garden - jardin, un
gas - gaz, le
gave - je donnai/donnais; tu donnas/donnais; il/elle donna/donnait; nous donnâmes/donnions; vous donnâtes/donniez; ils/elles donnèrent/donnaient
Germany - Allemagne, l'
get (something) - obtenir, to get (somewhere) - se rendre
get (verb) - avoir, recevoir, obtenir
get off - sortir
get to know smbd - apprendre à connaître quelqu'un; I am glad to meet you. - Je suis enchanté(e) de faire votre connaissance.
get up - se lever; Get up! - Lève-toi!
get, receive, obtain - avoir, recevoir, obtenir
gift - cadeau, un
girl - fille, une
girlfriend - petite amie, une / copine, une
give (verb) - donner
give up - abandonner
glad - enchanté (M), enchantée (F)
glass - verre, du
go - aller; to go away - partir, s'en aller
go by, to ride - aller en/conduire; to go by bus - aller en bus/prendre le bus
gone - parti (M), partie (F)
good - bon (M), bonne (F) / bien
goodbye - au revoir
gray-headed - aux cheveux gris
great - cool, super, génial
green - vert (M), verte (F)
greet (verb) - accueillir
grey - gris (M), grise (F)
guest - invité, un; invitée, une
guy - gars, un; type, un
had - j'eus/j'avais, tu eus/avais, il/elle eut/avait, nous eûmes/avions, vous eûtes/aviez, ils/elles eurent/avaient
hair - cheveux, des (PL)
half - moitié, une
hand - main, une
handcuffs - menottes, des
happen (verb) - se produire; happened - s'est produit (M), s'est produite (F)
happiness - bonheur, le

happy - heureux (M), heureuse (F)
hard - difficile; dur (M), dure (F)
has - a; He has a book.- Il a un livre.
hat - chapeau, un
hate (verb) - détester
have - avoir; I have - J'ai, we have - nous avons, you have - tu as / vous avez, he has - il a, it has - il y a, she has - elle a, they have - ils ont
have (verb) - avoir
he - il
head - tête, une; chef, un; to head, to go - se diriger, aller
head/manager - chef, le; gérant, le (firm); directeur; le (school)
health - santé, la
heard - j'entendis/j'entendais; tu entendis/entendais; il/elle entendit/entendait; nous entendîmes/entendions; vous entendîtes/entendiez; ils entendirent/entendaient
hello - bonjour, allo (phone)
help - aide, une; to help - aider
helper - aide, une
her - elle; to her - à elle; her - son (+ m), sa (+ f), ses (+pl); her book - son livre
here (a place) - ici; here (a direction) - là-bas; here is - Ici il y a, voici
hey! - hé! / ohé!
hi - salut
hid - je cachai/cachais; tu cachas/cachais; il/elle cacha/cachait; nous cachâmes/cachions; vous cachâtes/cachiez; ils/elles cachèrent/cachaient
hide (verb) - cacher
hiding place - cachette, une
hiding, hide-n-seek - caché(e), cache-cache
high - haut (M), haute (F)
him - lui, to him - à lui
his - son (+m), sa (+f); his bed - son lit
hit (verb, to beat - taper, battre
home, house - maison, une
homework - devoirs, les
hope - espoir, un; to hope - espérer
host - d'accueil
hotel - hôtel, un
hotels - hôtels
hour - heure, une; hourly - toutes les heures
house - maison, une

how - comment; How are you? - Comment all<u>ez</u>-vous (formal) / Comment v<u>as</u>-tu? (informal)
how many/much - combien, beaucoup
howling - hurlement, un
huit - eight
human - humain, un; human (adj) - humain (M), humaine (F)
hundred - cent
hungry - faim
I - Je; I have - J'ai
I will (future ind.) - Je v<u>ais</u>, tu v<u>as</u>, il/elle v<u>a</u>, nous all<u>ons</u>, vous all<u>ez</u>, ils/elles v<u>ont</u> (+ infinitive verb)
I wonder - Je me demande
ice-cream - glace, une/ de la
idea - idée, une
if - si; if, whether (in a question) - si
immediately - immédiate<u>ment</u>
important - important (M), important<u>e</u> (F)
in - dans, à, en; in an hour - dans une heure
in front, before - devant (in front of); avant (time)
in order to… - pour, afin de
in, on, at - dans/à/en, sur, à/chez
individually - individuelle<u>ment</u>
inform (verb) - inform<u>er</u>
information - information, une
informed - j'inform<u>ai</u>/j'inform<u>ais</u>; tu inform<u>as</u>/inform<u>ais</u>; il/elle inform<u>a</u>/inform<u>ait</u>; nous inform<u>âmes</u>/inform<u>ions</u>; vous inform<u>âtes</u>/inform<u>iez</u>; ils/elles inform<u>èrent</u>/inform<u>aient</u>
inside - dans, dedans, à l'intérieur de
instead of - au lieu (+ du, de la, des), instead of you - à ta place
interesting - intéressant (M), intéressant<u>e</u> (F)
Internet site - site Internet, un
into - dans, à l'intérieur de; into the street, outside - dans la rue, dehors
is, situated - est, se trouve
it - il (M), elle (F), ce/cela/ça (N)
it is time to... - il est temps de...
Italian - Italien, un (M), Italie<u>n</u>, un (F); italien, italie<u>nne</u> (adj)
jacket - veste, une
jar - pot, un
job - travail, un; emploi, un; job agency - agence d'emploi, une
join (verb) - joindre

journal, un - newspaper
journalist - journaliste, un / une
jump (verb) - saut<u>er</u>; jump - saut, un
just now - à l'instant
just, only - juste, seulement
kangaroo - kangourou, un
Kasper (name) - Casper
kettle - bouilloire, une
key - clé / clef, une
keyboard - clavier, un
killed - je tu<u>ai</u>/tu<u>ais</u>; tu tu<u>as</u>/tu<u>ais</u>; il/elle tu<u>a</u>/tu<u>ait</u>; nous tu<u>âmes</u>/tu<u>iions</u>; vous tu<u>âtes</u>/tu<u>iiez</u>; ils/elles tu<u>èrent</u>/tu<u>aient</u>
killer - tueur, un; tueuse, une
kilometer - kilomètre(s)
kind, type - genre, un; type, un
kindergarten - école maternelle, une
kiss (verb) - embrass<u>er</u>
kitchen - cuisine, une
kitten - chaton, un
knew - je sus/savais, tu sus/savais, il/elle sut/savait, nous sûmes/savions, vous sûtes/saviez, ils/elles surent/savaient
know (verb) - sav<u>oir</u>, connaître
lake - lac, un
land - terre, une; land (verb) - atter<u>rir</u>
language - langue, une
laser - laser, un
last - dernier; last (verb) - dur<u>er</u>
laugh (verb) - ri<u>re</u>
leader - dirigeant, un
learn to do smth. well - bien apprendre à faire quelque chose
learned about - j'appr<u>is</u>/appren<u>ais</u>; tu appr<u>is</u>/appren<u>ais</u>; il/elle appr<u>it</u>/appren<u>ait</u>; nous appr<u>îmes</u>/appren<u>ions</u>; vous appr<u>îtes</u>/appren<u>iez</u>; ils/elles appr<u>irent</u>/appren<u>aient</u> (quelque chose)
learning - appren<u>ant</u>
leave (verb) - quitt<u>er</u>
leg - jambe, une
Legrand (a surname) - Legrand
less - moins que, moins de
lesson - leçon, une
let (verb) - laiss<u>er</u>
let us - V + ons / allons-nous + inf V
letter - lettre, une
lie (verb) - allong<u>er</u>, <u>s'</u>allong<u>er</u> (on a bed)

life - vie, la; life-saving trick - astuce de sauvetage, une
lift - ascenseur, un
lift *(verb)* - soulev<u>er</u>
like, enjoy - aim<u>er</u>, appréci<u>er</u>; I like her. (She is liked by me) - Je l'apprécie.
limit - limite, une
lion - lion, un
lire - to read
list - liste, une
listen *(verb)* - écout<u>er</u>; I listen to music. - J'écoute de la musique.
little - petit (M), petite (F)
little, few - un peu, peu
live *(verb)* - vivre
lived - j'habit<u>ai</u>/habit<u>ais</u>; tu habit<u>as</u>/habit<u>ais</u>; il/elle habit<u>a</u>/habit<u>ait</u>; nous habit<u>âmes</u>/habit<u>ions</u>; vous habit<u>âtes</u>/habit<u>iez</u>; ils/elles habit<u>èrent</u>/habit<u>aient</u>
living - vivant (M), vivante (F); habitant (present participle)
load *(verb)* - char<u>ger</u>; loader - chargeur, un; truck - camion, un
loading (adj) - de chargement
long - long (M), long<u>ue</u> (F)
look *(verb)* - regar<u>der</u>
look at - regar<u>de</u> (informal), regar<u>dez</u> (informal)
look for - chercher
looked - je regar<u>dai</u>/regar<u>dais</u>; tu regar<u>das</u>/regar<u>dais</u>; il regar<u>da</u>/regar<u>dait</u>; nous regar<u>dâmes</u>/regar<u>dions</u>; vous regar<u>dâtes</u>/regar<u>diez</u>; ils/elles regar<u>dèrent</u>/regar<u>daient</u>
loose *(verb)* - per<u>dre</u>
Louise (name) - Louise
love - amour, l', to love - aimer
loved - j'aim<u>ai</u>/aim<u>ais</u>, tu aim<u>as</u>/aim<u>ais</u>, il aim<u>a</u>/aim<u>ait</u>, nous aim<u>âmes</u>/aim<u>ions</u>, vous aim<u>âtes</u>/aim<u>iez</u>, ils aim<u>èrent</u>/aim<u>aient</u>
machine - machine, une
madam - madame
magazine - magazine, un
make *(verb)* - fai<u>re</u>; tea-maker - bouilloire à thé, une
make laugh - fai<u>re</u> rire
make sure - s'assur<u>er</u>
make, force - for<u>cer</u>
male (adj) - masculin

man - homme, un
man's map - la carte de l'homme
manage - réussi (M), réuss<u>ie</u> (F)
manual work - travail manuel, un
many, much - beaucoup, combien
map - carte, une; plan, un
married (for a man) - mari<u>é</u>; married (for women) - mari<u>ée</u>
matter, business - sujet, un; affaire; une
mattress - matelas, un
may - peut-être; I may go to the bank. - Je vais (peut-être) aller à la banque.
may, can - peut peut-être, pourrait; May I help you? - Puis-je vous aider?
me - je, me, moi
meal, food - repas, un; nourriture, de la
mean *(verb)* - signifi<u>er</u>
meanwhile - pendant ce temps
medical - médical (M); médical<u>e</u> (F), médical<u>es</u>/médic<u>aux</u> (PL)
meet *(verb)* - rencontr<u>er</u>
member - membre, un
men - hommes, les
mental - mental (M), mental<u>e</u> (F), ment<u>aux</u>, mental<u>es</u> (PL); mentally - mentale<u>ment</u>
met - rencontrait, rencontra
metal - métal, un
meter - mètre, un
method - méthode, une
microphone - microphone, un
middle name - deuxième prénom
mind *(verb)* (to be against something) - s'opposer
minute - minute, une
mister - monsieur
mobile - mobile
mom, mother - maman, une; mère, une
moment - moment, un
Monday - Lundi
money - argent, de l'
monkey - singe, un
monotonous - monotone
month - mois, un
more - plus
morning - matin, le
mosquito - moustique, un
most - la plupart, le plus / les plus
mother - mère, une
mother's - à la mère / de la mère

moved - je bougeai/bougeais, tu bougeas/bougeais, il/elle bougea/bougeait, nous bougeâmes/bougions, vous bougeâtes/bougiez, ils/elles bougèrent/bougeaient
much, many, a lot - beaucoup, beaucoup de
music - musique, la
must - devoir; I must go. - Je dois partir.
my - mon (M), ma (F), mes (PL)
my, mine - mon, le mien
mystery, puzzle - mystère, un; énigme, une
name - nom, un; to name - appeler, nommer, citer
nationality - nationalité, une
native - natif, un; native, une; natal, natale (adj)
nature - nature, la
near - à côté de; proche
nearby - près d'ici
nearby, next - proche, près/à côté d'ici, voisin
nearest - le plus près
need - avoir besoin, devoir
need - avoir besoin, devoir
neighbour - voisin, un
neighbouring, next - voisin, proche, à côté, près de; suivant/suivante
never - jamais
new - nouveau, récent (M), nouvelle, récente (F); nouveaux, nouvelles, récents, récentes (PL)
newspaper - journal, un; journaux, des (PL)
nice - joli, beau (M); jolie, belle (F)
Nicolas (name) - Nicolas
night - nuit, la
nine - neuf
ninth - neuvième
no - non
nobody - personne
none/no - aucun, pas de
nose - museau, un (dog); nez, un (human)
not - pas
not any, no - aucun, pas de
note - note, une
notebook - cahier, un; calepin, un
notebooks - cahiers, des
nothing - rien
now - maintenant, en ce moment
number - numéro, un
o'clock, hour - heure(s); It is two o'clock. - Il est deux heures.
of course - bien sûr, évidemment

office - bureau, un
officer - officier, un
often - souvent
Oh! - Oh!
oil - pétrole, du
OK, well - d'accord, OK, bien, bon
old - vieux (M), vieille (F)
olympic - olympique
on - sur
on foot - à pied
once - une fois
one - un (M), une (F)
one by one - un par un (m), une par une (f)
one more - un de plus/un autre (M), une de plus/une autre (F)
only - seulement, juste
only, just - seulement, juste
open *(verb)* - ouvrir
opened - j'ouvris/ouvrais; tu ouvris/ouvrais; il/elle ouvrit/ouvrait; nous ouvrîmes/ouvrions; vous ouvrîtes/ouvriez; ils/elles ouvrirent/ouvraient
or - ou
order *(verb)* - ordonner
other - autre, un
our - notre (+sing), nos (+pl)
out of - en dehors de, hors de, de
out of order - hors service
outdoors - en plein air
outside - dehors, hors de/du, à l'extérieur
over - au-dessus de (space), terminé (finished)
own - propre, le mien / le tien / le sien
owner - propriétaire, un/une
paid - payé
pail - seau, un
pale - pâle
panic *(verb)* - paniquer
paper - papier, un
parachute - parachute (object), parachutisme (activity); parachutist - parachutiste, un/une
parent - parent, un
park - parc, un
parks - parcs
part - partie, une; part time job - travail à mi-temps
participant - participant, un
pass *(verb)* - passer, réussir; passed exam - examen / examen réussi

passed - je passai/passais; tu passas/passais; il/elle passa/passait; nous passâmes/passions; vous passâtes/passiez; ils/elles passèrent/passaient
past - après, passé, le (time); half past eight - huit heures et demi; en passant devant (direction)
patrol - patrouille, une
Bernard (name) - Bernard
Bernard's - à Bernard / de Bernard; Bernard's book - le livre de Bernard
pay *(verb)* - payer
pen - stylo, un
pens - stylos
people - gens, les
per - de l' /par; I earn 10 euro per hour. - Je gagne 10 euros de l'heure.
person - personne, une
personal - personnel
personnel department - service du personnel, le
pet - animal, un
pharmacy - pharmacie, une
phone - téléphone, un; to telephone - téléphoner
phone handset - combiné téléphonique, un
photograph *(verb)* - photographier/ prendre en photo; a photograph - photographie, une
photographer - photographe, un/une
phrase - phrase, une
picture - image, photo
pill - comprimé, un
pilot - pilote, un / une
pitching - s'élançant, se jetant
place *(verb)*, to put - placer, mettre; place- place, lieu(x), endroit
plan - projet, un; plan, un, to plan - planifier
planet - planète, une
plate - assiette, une
play *(verb)* - jouer
playing - jeu, un; jeux, des (PL)
please - s'il vous plaît (formal), s'il te plaît (informal)
pocket - poche, une
pointed at - pointait vers
police - police, la
policeman - policier, un, police (adj) - policier (M), policière (F)
poor - pauvre
position - poste, un
possibility - possibilité, une

possible - possible
pour *(verb)* - verser
prepare *(verb)* - préparer
press *(verb)* - appuyer
pretend *(verb)* - faire semblant (de), prétendre
price - prix, un
problem - problème, un
produce *(verb)* - produire
profession - profession, une
program - programme
programmer - programmateur, un
protect *(verb)* - protéger
publishing - édition, une
pull *(verb)* - tirer
puppy - chiot, un
purchase - achat, un
pursuit - poursuite, une
push *(verb)* - pousser
pussycat - minou, un
put into - mettre dans
put on - mettre
put vertically - placer verticalement; to put horizontally - placer horizontalement
questionnaire - questionnaire, un
queue, line of people - queue, la
quick - rapide; quickly - rapidement
quickly, rapide- quick - rapidement
quietly - calmement, doucement
quite - assez
radar - radar, un
radio - radio, une
railway - chemin de fer, un
rain - pluie, la
ran away - je partis/partais, tu partis/partais, il/elle partit/partait, nous partîmes/partions, vous partîtes/partiez, ils partirent/partaient...en courant
rang - je sonnai/sonnais; tu sonnas/sonnais; il/elle sonna/sonnait; nous sonnâmes/sonnions; vous sonnâtes/sonniez; ils/elles sonnèrent/sonnaient
rat - rat, un
reading (gerund) - en lisant; reading (particip I) - lecture
ready - prêt (M); prête (F)
real - réel, vrai
really - réellement, vraiment
reason - raison, une
receipt, ticket - reçu,un; ticket, un

receive, to get - avoir, recevoir, obtenir
recommend *(verb)* - recommander; recommendation - recommandation, une
recommended - je recommandai/recommandais; tu recommandas/recommandais; il/elle recommanda/recommandait; nous recommandâmes/recommandions; vous recommandâtes/recommandiez; ils/elles recommandèrent/recommandaient
record *(verb)* - enregistrer; thought-recording - machine à enregistrer les pensées, une
red - rouge
refuse *(verb)* - refuser
rehabilitate *(verb)* - réhabiliter
rehabilitation - réhabilitation, une
remain *(verb)* - rester
remembered - je me souvins/souvenais, tu te souvins/souvenais, il/elle se souvint/souvenait, nous nous souvînmes/souvenions, vous vous souvîntes/souveniez, ils/elles se souvinrent/souvenaient
report *(verb)* - reporter; reporter - reporter, un
rescue *(verb)* - sauver, secourir; rescue service - services de secours, les
reward - récompense, une
ricochet - ricochet, un
right - vrai
ring *(verb)* - sonner, ring - sonnerie, une
road, street, way - route, une; rue, une; passage, un
robber - braqueur, un; robbery - braquage, un
roof - plafond, un
room - chambre, une (hotel or bed); pièce, une (room in a house); espace, un (space)
rooms - chambres, pièces
round - rond, autour
rub *(verb)* - frotter
rubber - en / de caoutchouc
rubric - rubrique, une
Rue Malbec (name of a street) - Rue Malbec
rule - règlement, un
run *(verb)* - courir
running - courant, en courant
rushed - je me dépêchai/dépêchais; tu te dépêchas/dépêchais; il/elle se dépêcha/dépêchait; nous nous dépêchâmes/dépêchions; vous vous dépêchâtes/dépêchiez; ils/elles se dépêchèrent/dépêchaient
Russia - Russie, la
Russian - Russe (noun); russe (adj)
sad - triste
safe - coffre-fort, un
said - je dis/disais; tu dis/disais; il dit/disait; nous dîmes/disions; vous dîtes/disiez; ils/elles dirent/disaient
same - le même (M), la même (F), les mêmes (PL)
sand - sable, le
sandwich - sandwich, un
Saturday - Samedi
save *(verb)* - sauver, secourir
saw - je vis/venais; tu vis/venais; il/elle vit/venait; nous vîmes/venions; vous vîtes/veniez; ils/elles virent/venaient
say *(verb)* - dire
school - école, une
sea - mer, la
seashore - bord de mer, le
season - saison, une
seat - siège, un; seat belts - ceintures, des
second - second, deuxième
secret - secret, un
secretary - secrétaire, une
secretly - secrètement
see *(verb)* - voir
seed - graine, une
seldom - rarement
sell *(verb)* - vendre
sent - envoyé
Serge - Serge
sergeant - sergent, un
serial - série, une
seriously - sérieusement
servant - servant, un (M), servante, une (F)
serve *(verb)* - servir
set free - libérer
seven - sept
seventeen - dix-sept
seventh - septième
sex (formal) - sexe, un
shake *(verb)* - secouer, trembler
she - elle
sheet (of paper) - morceau de papier, un
ship - bateau, un

shook - je remuai/remuais; tu remuas/remuais; il/elle remua/remuait; nous remuâmes/remions; vous remuâtes/remuiiez; ils/elles remuèrent/remuaient
shop - magasin, un
shop assistant - vendeur, un
shop window - vitrine de magasin
shopping center - centre commercial, un
shops - magasins
shore - rivage, le; bord, le
short - court (M), courte (F)
shot (smbd) - je tirai/cachais; tu tiras/tirais; il/elle tira/tirait; nous tirâmes/tirions; vous tirâtes/tiriez; ils/elles tirèrent/tiraient ...sur (quelqu'un)
shout (verb), to cry - crier, pleurer
show (verb) - montrer
showed - je montrai/montrais; tu montras/montrais; il/elle montra/montrait; nous montrâmes/montrions; vous montrâtes/montriez; ils/elles montrèrent/montraient
silent - silencieux (M), silencieuse (F)
silently - silencieusement, en silence
silly - idiot (M), idiote (F)
simple - simple
since (time point) - à partir de, depuis
since, as - alors que, depuis
sincerely - sincèrement
sing - chanter
singer - chanteur, un; chanteuse, une
single - unique, célibataire
sink (verb), to dive - se noyer, plonger
siren - sirène, une
sister - sœur, une
sit down - s'asseoir: je m'assieds, tu t'assieds, il s'assied, nous nous asseyons, vous vous asseyez, ils s'asseyent
sit down - s'asseoir; to sit - asseoir
situation - situation, une
six - six
sixth - sixième
sixty - soixante
skill - compétence, une
skills - compétences
sleep (verb) - dormir
sleeping, dream - sommeil, rêve
slightly - légèrement

slowly - doucement
sly - rusé; slyly - avec ruse
small - petit (M), petite (F)
smart - intelligent, malin (M), intelligente, maligne (F)
smile - sourire, un; smile (verb) - sourire
smiled - je souriai/souriais; tu sourias/souriais; il/elle souria/souriait; nous souriâmes/souriions; vous souriâtes/souriiez; ils/elles sourièrent/souriaient
snack (at work etc.) - goûter, un; casse-croûte, un
so - si, tellement
some, any - certains/certaines, du, de la, des, de l'; n'importe quel; any of - n'importe quel
somebody - quelqu'un
something - quelque chose
sometimes - parfois
son - fils, un
soon - bientôt
sorry - désolé (M), désolée (F); I am sorry. - Je suis désolé(e).
space - espace, l'
spaceship - vaisseau spatial, un; vaisseaux spatial, des
Spain - Espagne, l'
spaniel - épagneul, un
speak (verb) - parler
speech - discours, un
speed - vitesse, la, to brake a rule - enfreindre un règlement, speeder - chauffard, un, speeding - en excès de vitesse
spend (verb) - dépenser
spend time - passer du temps
sport - sport, un; sport shop - magasin de sport, un; sport bike - moto de sport, une
spread (verb) - répandre
square - square, un
stairs - escaliers, des
stand (verb) - se lever
standard - standard, aux normes
star - étoile, une
start (verb) - commencer, démarrer
start a machine/engine - démarrer (une machine/un moteur)
started (the engine) - je démarrai/démarrais; tu démarras/démarrais; il/elle démarra/démarrait; nous démarrâmes/démarrions; vous démarrâtes/démarriez; ils/elles

démarrèrent/démarraient; started (to drive) - commencer (same model)
station - poste, un
status - statut, un; family status - statut familial
steal *(verb)* - voler
steer *(verb)* - mettre le cap
step - marche, une; to step on smth - marcher sur quelque chose
stepped - je marchai/marchais; tu marchas/marchais; il/elle marcha/marchait; nous marchâmes/marchions; vous marchâtes/marchiez; ils/elles marchèrent/marchaient
stepping - appuyant le pied sur
still - toujours, encore
stinking - puant
stolen - volé (M), volée (F)
stone - caillou, un; cailloux (PL)
stop *(verb)* - stopper, arrêter, s'arrêter
stopped - j'arrêtai/j'arrêtais; tu arrêtas/tu arrêtais; il arrêta/arrêtait; nous arrêtâmes/arrêtions; vous arrêtâtes/arrêtiez; ils/elles arrêtèrent/arrêtaient
story - histoire, une
strange - étrange
street - rue, une
streets - rues
strength - force, la/de la
strong - fort (M), forte (F); strongly - fortement
strongly - fortement, strong - fort (M), forte (F)
student - étudiant, un; étudiant, étudiante (adj)
students - étudiants (M), étudiantes (F)
study *(verb)* - étudier
stuffed - rembourré (M), rembourrée (F); stuffed parachutist - parachutiste rembourré, un
suddenly - soudainement, tout à coup
suitable - approprié(e), correct(e), qui convient
Sunday - dimanche; Sunday breakfast - le petit-déjeuner du dimanche
supermarket - supermarché, un
sure - sûr (M), sûre (F), volontiers!
surprise - surprise, une; surprise *(verb)* - surprendre
surprised - surpris (M), surprise (F)
swallow *(verb)* - avaler
swim *(verb)*, to float - nager, flotter
swimming, floating - nageant, flottant

switched on - j'allumai/j'allumais, tu allumas/allumais, il/elle alluma allumait, nous allumâmes/allumions, vous allumâtes/allumiez, ils/elles allumèrent/allumaient
table - table, une
tables - tables
tail - queue, une
take *(verb)* - prendre
take a seat - prendre place, s'asseoir
take off - retirer
take one's stand - prendre position
take out; to get - sortir, amener / obtenir / se rendre, aller (direction)
take over - dominer
take part - prendre part
take something in hands - prendre en main
take time - prendre du temps; It takes five minutes. - Cela prend cinq minutes.
taken - pris (M), prise (F)
talk *(verb)* - parler
tanker - tanker, un
tap - robinet, un
task - tâche, une
tasty - savoureux (M), savoureuse (F)
taxi - taxi, un; taxi driver - chauffeur de taxi, un
tea - thé, un / du
teach *(verb)* - enseigner
teacher - enseignant, un; enseignante, une
team - équipe, une
telephone - téléphone, un; to telephone - téléphoner
television - télévision, une
ten - dix
tenth - dixième
test - test, un; contrôle, un; examen, un; test *(verb)* - tester
text - texte, un
textbook - manuel, un
than - que, qu'; Nicolas is older than Louise. - Nicolas est plus vieux que Louise.
thank *(verb)* - remercier; Thank you. - je vous remercie; Thanks. - Merci
that - ce (M), cette (F), ça (N); that woman - cette femme
that - que; I know that this book is interesting. - Je sais que ce livre est intéressant.
that is why - c'est pourquoi

their, them - leur(s), eux
them - eux, elles (human); celle-ci; celui-ci, celles-ci / ceux-ci (object), to them - à eux
then - ensuite, puis, après, alors; after that - après cela, après cela
there (direction) - par-là, là-bas; there (place) - ici, là, y
these - ces
they - ils (M), elles (F)
thief - voleur, un; voleuse, une; thieves - voleurs, des; voleuses, des
thing - truc, un; chose, une
think *(verb)* - penser, réfléchir
thinking - pensée, la
third - troisième
thirty - trente
this stuff - ce truc
those - ces
thousand - mille
three - trois
through, across - par, à travers
ticket - ticket, un
tiger - tigre, un
time - temps, le; fois; time goes - le temps passe; two times - deux fois
tired - fatigué (M), fatiguée (F)
to- à, au, vers; I go to the bank.- Je vais à la banque.
to me- moi, à moi
to/on the left - vers la gauche / à gauche
to/on the right - vers la / à droite
today - aujourd'hui
together - ensemble
toilet - toilettes, les
tomorrow - demain
too / also - aussi, également
too - trop (superlative); too big - trop grand (M), trop grande (F)
took - je pris/prenais; tu pris/prenais; il/elle prit/prenait; nous prîmes/prenions; vous prîtes/preniez; ils/elles prirent/prenaient
total - total (M), totale (F)
town - ville, une
toy - jouet, un
train - entraînement, un; train *(verb)* - entraîner; trained - entraîné (M), entraînée (F)
translator - traducteur, un

transport (noun) - transport, un, transport (adj) - de transport
travel *(verb)* - voyager
trick - astuce, une; tour de passe-passe, un
tried - j'essayai/essayais; tu essayas/essayais; il/elle essaya/essayait; nous essayâmes/essayions; vous essayâtes/essayiez; ils/elles essayèrent/essayaient
trip, journey - voyage, un
trousers - pantalon, un (sing)
try - essayer : j'essaie, tu essaies, il/on essaie, nous essayons, vous essayez, ils/elles essayent
turn on - allumer; to turn off - éteindre
turn one's head away - tourner la tête ailleurs
turn over - tourner
turned - tourna
turning - tournant (M), tournante (F)
TV-set - poste de télévision, un
twelve - douze
twenty - vingt
twenty-five - vingt-cinq
twenty-one - vingt-et-un
twice - deux fois
two - deux
two hundred - deux-cent
таке somewhere - amener (quelque part)
unconscious - inconscient (M), inconsciente (F)
under - sous
underline *(verb)* - souligner
understand *(verb)* - comprendre
understood - je compris/comprenais; tu compris/comprenais; il/elle comprit/comprenait; nous comprîmes/comprenions; vous comprîtes/compreniez; ils/elles comprirent/comprenaient
unfair - injuste
university - université, une
unload *(verb)* - décharger
until - jusqu'à
us - nous
USA, the - les États
use *(verb)* - utiliser
usual - habituel (M), habituelle (F); usually - habituellement
very - très
vet - vétérinaire, un
videocassette - cassette vidéo, une

video-shop - magasin vidéo
village - village, un
visited - je visit<u>ai</u>/visit<u>ais</u>; tu visit<u>as</u>/visit<u>ais</u>; il/elle visit<u>a</u>/visit<u>ait</u>; nous visit<u>âmes</u>/visit<u>ions</u>; vous visit<u>âtes</u>/visit<u>iez</u>; ils/elles visit<u>èrent</u>/visit<u>aient</u>
visitor - visiteur, un
voice - voix, une
wait *(verb)* - attend<u>re</u>
waited - je attend<u>is</u>/attend<u>ais</u>; tu attend<u>is</u>/attend<u>ais</u>; il/elle attend<u>it</u>/attend<u>ait</u>; nous attend<u>îmes</u>/attend<u>ions</u>; vous attend<u>îtes</u>/attend<u>iez</u>; ils/elles attend<u>irent</u>/attend<u>aient</u>
walk *(verb)*, to go - march<u>er</u>, all<u>er</u>
walking - en march<u>ant</u>; marche, une
want *(verb)* - voul<u>oir</u>
wanted - je voul<u>us</u>/voul<u>ais</u>, tu voul<u>us</u>/voul<u>ais</u>, il/elle voul<u>ut</u>/voul<u>ait</u>, nous voul<u>ûmes</u>/voul<u>ions</u>, vous voul<u>ûtes</u>/voul<u>iez</u>, ils/elles voul<u>urent</u>/voul<u>aient</u>
war - guerre, la
warm - chaud (M), chaud<u>e</u> (F)
warm up - réchauff<u>er</u>
was - je fus/j'étais, tu fus/tu étais, il fut/ il était, nous fûmes/nous étions, vous fûtes/ vous étiez, ils furent/ils étaient
wash *(verb)* - lav<u>er</u>, nettoy<u>er</u>
washer - machine à laver, une
washing - lav<u>ant</u>, nettoy<u>ant</u>, to wash - lav<u>er</u>, nettoy<u>er</u>
watch - montre, une
water - eau, de l'
wave - vague, une
way - chemin, un; passage, un; way (to do smth) - un moyen
we - nous
weather - temps, le
week - semaine, une
weep *(verb)*, to cry - pleur<u>er</u>
well - bien, bon
went away - je part<u>is</u>/part<u>ais</u>; tu part<u>is</u>/part<u>ais</u>; il/elle part<u>it</u>/part<u>ait</u>; nous part<u>îmes</u>/part<u>ions</u>; vous part<u>îtes</u>/part<u>iez</u>; ils/elles part<u>irent</u>/part<u>aient</u>
were - je fus/j'étais, tu fus/étais, il/elle fut/était, nous fûmes/étions, vous fûtes/étiez, ils/elles fur<u>ent</u>/ét<u>aient</u>

wet - mouillé (M), mouillée (F)
whale - baleine, une; killer whale - orque, un
what - que, qu'est ce que, quoi / quel, quelle; What is this? - Qu'est ce que c'est? What table? - Quelle table?
what about…? - Qu'en est-il de…?
wheel - roue, une
when - quand, lorsque
where - où
which, who - qui, que, quel
while - pendant
white - blanc (M), blanche (F)
who - qui, que, quel
whose - à qui
why - pourquoi
wide - grand (M), grand<u>e</u> (F)
widely - large<u>ment</u>, profondé<u>ment</u>
will - Je v<u>ais</u>, tu v<u>as</u>, il/elle v<u>a</u>, nous all<u>ons</u>, vous all<u>ez</u>, ils/elles v<u>ont</u>...(+ inf)
wind - vent, le
window - fenêtre, une
windows - fenêtres
with - avec, à
without - sans
woman - femme, une
woman's - aux femmes / des femmes
wonderful - merveilleu<u>x</u> (M), merveilleu<u>se</u> (F)
word - mot, un
words - mots
work - travail; work *(verb)* - travailler
worked - je travaill<u>ai</u>/travaill<u>ais</u>; tu travaill<u>as</u>/travaill<u>ais</u>; il/elle travaill<u>a</u>/travaill<u>ait</u>; nous travaill<u>âmes</u>/travaill<u>ions</u>; vous travaill<u>âtes</u>/travaill<u>iez</u>; ils/elles travaill<u>èrent</u>/travaill<u>aient</u>
worker - travailleur, un
working - fonctionnel
world - monde, le
worry *(verb)* - s'inquiét<u>er</u>
would (conditional) - (inf V) + -ais, -ais, -ait, -ions, -iez, -aient; I would swim if I could. - Je nager<u>ais</u> si je le pouv<u>ais</u>.
write *(verb)* - écrire
writer - écrivain, un
writing work - travail d'écriture, un
wrote - j'écriv<u>is</u>/écriv<u>ais</u>; tu écriv<u>is</u>/écriv<u>ait</u>; il/elle écriv<u>ait</u>; nous écriv<u>îmes</u>/écriv<u>ions</u>; vous écriv<u>îtes</u>/écriv<u>iez</u>; ils/elles écriv<u>irent</u>/écriv<u>aient</u>

yard - cour, une
year - année, une
yellow - jaune
yes - oui
yesterday - hier
yet - encore
you - tu, vous, toi
young - jeune

young boy - jeune garçon, un
your - ton, ta, tes (informal), votre, vos (informal)
your, yours - ton, tas, tes (informal)/ votre, vos (formal) / le tien, la tienne, les tiens
zebra - zèbre, un
zoo - zoo, un

* * *

www.ingramcontent.com/pod-product-compliance
Lightning Source LLC
Chambersburg PA
CBHW080343170426
43194CB00014B/2670